A totale et vraie description de tous les passaiges/lieux/z destroictz: par lesquelz on peut passer z entrer des Gaules es ytalies Et signament par ou passerēt Hānibal/Julius cesar/z les treschrestiēs/magnanimes/ et trespuissans roys de France Charlemaigne Charles.viii.Louys.xii.Et le tresillustre roy Frācois a present regnāt premier de ce nom.

Item plus est cōtenu le nombre et tiltres des cardinaulx et patriarches.Lordre/et les noms des archeueschez/z eueschez estans en luniuersel monde.

Item les archeueschez:eueschez:abbayes:z aultres benefices reseruez au sainct siege apostolique. Auec la taxe ordinaire:estās au royaume z seigneuries de la courōne de frāce

Toussains denis.

¶On vend lesditz liures a Paris a la rue sainct Jacques/ pres sainct yues.a lenseigne de la croix de boys: en la maison de toussains denys libraire

Cum priuilegio.

Sur la requeste baillee a la court par Toussains denys marchãt libraire demourant a Paris Par laqlle il reqroit qui luy fust pmis faire imprimer et vendre certain liure de la descriptiõ des pays/terres/z seigneuries dytalie. la situation des villes/ les chemins destroictz et passaiges pour aller de France esdictz pays. Ensemble la Carte desdictz pays: en faisant inhibitiõ et defenses a tous imprimeurs z libraires z autres de ne les imprimer ou faire imprimer et vendre dedẽs trois ans prochainemẽt venãs: Et q pendant ledict tẽps ledict Denys puisse recouurer partie de ses fraiz z mises. Ueu par la court lesd requeste liure z carte z oy le raport de certain cõmissaire cõmis a les visiter: z tout consideré La court a pmis z permet audict denys de faire imprimer et exposer en vẽte lesd liures z carte iusqs a trois ans pchainemẽt venãs: pourueu ql ne les pourra vẽdre plus hault de quatre solz parisis. Et fait la court defenses a toꝰ autres libraires/ipmeurs/z psõnes qlzcõqs de ne imprimer ne exposer en vente lesd liures z carte aultres q ceulx q lesd denys aura fait imprimer pendãt ledict tẽps de trois ans sur peine de confiscatiõ desd liures z carte ainsi imprimez z vendus cõtre lesd defenses z damãde arbitraire. Et auec ce le cõtenu/nombre/z tiltre des cardinaulx z patriarches Lordre et les noms des archeuescheʒ z euescheʒ estans en luniuersel mõde. Item les archeuescheʒ/euescheʒ/abbayes/z aultres bñfices reseruez au saict siege apostolique. Auec la taxe ordinaire estans au royaume z seigneurie de la couronne de France. Faict en parlement le .x. iour de Decembre Lan mil cinq centz z quinze.

Ainsi signé Beldon.

☙ Sensuyt la totale et vraye descriptiõ de toꝰ les passaiges/lieux/⁊ destroictz: par lesquelz on peult facilement entrer et passer des parties de Gaule que noꝰ disons maintenant France es parties de Italie. Et signammẽt par ou iadiz passerent Hanibal. Julle cesar. Charlemaigne: ⁊ le tresvictorieux Roy Charles huitiesme. Et semblablemẽt ⁊ ou passa dernieremẽt auec toute son armee le trespuissant tresprudent et magnanime Roy Loys douziesme de ce nõ que dieu absoille. et le tresillustre Roy Frãcoys a present regnant/premier de ce nom. ☙ Le premier passaige.

E premierement pour aller desdictes parties de Gaule es Italies il y a plusieurs et diuers chemins et passaiges tãt par le pays de Sauoye. du Daulphine. Marquisat de saluces. que semblablement du pays de Prouence cõmencant des la frõtiere Dallemaigne: et finissant a la riuiere du Var ioignãt et entrãt en la mer ligustiq̃: q̃ ẽ la limite de la mer thyrrenee/enuiron vne lieue pardeca la cite de Nyce au bout de Prouence. — **Le I. passaige**

☙ Et pour entrer par le pays de Sauoye audit pays dytalie il y a troys passaiges.

☙ Le premier passaige est par le mont sainct Bernard/aultremẽt appelle le mõt Jou. Aps lon descend au val daouste
☙ Le second passaige.

L E secõd passaige est par le val de Tharentaise: ⁊ de la on va passer au mõt Jouuet. Aps on descend en la vallee daouste: et se ioingt se chemin auec le precedent en ladicte cite Daouste. Et par la lon dit que Hanibal entra audit pays de Italie quant il alla guerroier contre les Rõmains. Et dure ladicte vallee enuiron quinze lieues: et iusques au lieu de Bar/la ou il y a vng merueilleux passaige: quon dit q̃ ledit Hanibal feist faire/en rompant la montaigne a force dengins/de feu/⁊ de vin aigre. ainsi cõme il est escript ⁊ insculpe contre le Roch/dicelluy passaige. Et lappellent lon cõmunemẽt le pas de Hanibal. Et dit on quil y perdit vng oeul par force de froidure. Cõbien que aucuns hystoriogra — **Le II. passaige**

A.ii.

phes dient que ledit Hanibal passa p̄ le mōt de Geneſue: ⁊ q̄l p̄dit loeil en vng mareſcaige aupres des Alpes au mont Apenniz de Perouſe. Et enuiron demye lieue dela dudict paſſaige cōmence les pais Dytalie/en vng pont quō dit q̄ **Octouie** feiſt faire pour la vraye limite Dytalie. Leq̄l pont eſt faict ⁊ cōſtruict de merueilleuſes groſſes pierres. Et maintenant on lappelle le pont ſainct Martin. Apres lon treuue ſeptime viton. Et dela on va a la cite Diuree/Apmeron/a Laualla/a Saucia/a ſainct Germai a la cite de Uerſeil. Et apres on entre en la duche de Millan.

{marginalia: Octouie auguſte.}

La riuiere de Cerf depart les Uercellois ⁊ les milānois. Et vient las riuiere du coſte de la montaigne de Couzouille/pres Creuecueur/⁊ paſſe a coſte de Uerſeil:⁊ puis entre a la riuiere du Pau/au deſſoubz de la mote en Uercellois. Et de aupres du mōt ſainct Bernard part la riuiere du Roſne/Ceſtaſſauoir dune mōtaigne quon appelle le Fourre en Uallois. Et apres ſen va paſſer dedens le lac de Lauſanne:⁊ de Geneſue par le pays de Sauoye. Et a Lion par le Daulphine:⁊ puis en Auignon. Et apres paſſe entre les pais de Prouence/⁊ Lāguedoc :⁊ ſen va tūber dedēs la mer p̄ deux grandz bras deaue:lun va ſur dextre/deuers Aiguemorte. Et lautre bras dud̄ Roſne va ſur main gauche deuers le port de Bouc pres liſle de Martinee.

{marginalia: La riuiere d̄ Cerf.}

℃Le tiers paſſaige.

LE tiers paſſaige eſt par le val ſainct Jehan de morienne qui ſen va au mōt Senyz. Ap̄s on deſcēd au lieu de la Ferriere/⁊ a la nouualaiſe. Et de la on va a la ville de Suſe qui eſt vne aultre entree audit pais Dytalie.

{marginalia: le tiers paſſaig}

℃Et p̄ les mont Senyz paſſa le roy Charlemaigne quant a la req̄ſte du Pape Adriā/il ſen alla en Italie pour faire la guerre a Deſydere roy des Lōbars q̄ lors eſtoit ennemi ⁊ p̄ſecuteur de la ſaīcte egliſe Rōmaine. Leq̄l Deſydere Charlemaigne aſſiegea a pauie/Et puis le ſubiuga. Et ap̄s ſen alla a Rōme/ou il fut treshonorablemēt receu p̄ ledit pape Adriā.q̄ eſtoit acōpaignie de cēt ⁊.liii.platz. Leq̄l Adriā p̄ le cōſentemēt de tout le clergie donna aud̄ Charlemaigne de moult beaulx ⁊ grādz priuileges. Et entre les autres luy dōna pouoir⁊auctorite de eſlire le pape/⁊de ordōner ou ſait ſie

{marginalia: Charlemaigne}

Du païs Dytalie.   Feuillet.iii.

ge apostoliq̃. Et auec ce luy dõna la dignite de patrice: z le cõstitua ptecteur z defenseur gñal de leglise. Ainsi q̃l est pl⁹ aplain escript z declaire es saitz decretz z croniq̃s de Frãce. ¶Et depuis a la req̃ste du pape Leõ q̃ fut successeur dudit Adriã ledit roy Charlemaigne retourna en Italie z sen alla a Rõme la ou il deliura ledit pape Leõ de la captiuite des Rõmains. Leq̃l puis aps le courõna z feist empereur des Rõmains/ainsi q̃l est plus au lõg escript es dit saintz decretz z croniques de Frãce. ¶Aultres passaiges q̃ sont p le Daulphine/Marquisat de Saluces/z païs de prouence.

Charlemaigne.

      ¶Le.iiii. passaige.

LE mont de Genefue qui est en Briãcõnois est le meilleur z le pl⁹ aise passaige/mesmemẽt pour la cõduicte de lartillerie. Et de tous les aultres ny a celuy p leq̃l on la peust faire passer fois seullemẽt p icelluy passaige. Et fault p̃mieremẽt aller a Grenoble/ Et en ptant de la il y a trois chemins pour aller aud mont Genefue. Le p̃mier se p̃rẽt sur dextre q̃ va a Uif au monastere de Cleremont en Trieues/ Et de la on va passer p le mõt de la croix haulte. Leq̃l lieu ou est posee icelle croix est inaccessible. Et dit on q̃ lad croix a este apposee sur icelle mõtaigne miraculeusemẽt. Aps on descend en la ville Deyne: z de la on va a Gap z a la Bastie noue q̃ est a monsieur de Gap. ¶Lautre chemin q̃ est le pl⁹ court enuiron dune iournee est plus cõmun. Et est de lad ville de Grenoble au port de Farrie/a Chãps/a Lafrey/a petit chat/a Pierre chastel/a la Mure q̃ est a monsieur de Dunoys. ¶Aps on va passer a pont hault/a Chardeno/z a Beaumont q̃ est vng p tita coste/a Corp/a sainct Eusebe/z a sainct Bõnet/a chãpsaur q̃ souloit estre duche/z a present ledit chãpsaur nest q̃ simple chastellenie. Et a vng quart de lieue pdela le põt sainct Bõnet il y a deux chemins/Lun se p̃rẽt sur la main dextre q̃ va en Laye. Apres on passe p le col de chauuet: z de la on descend en la ville de Gap/z va on en lad Bastie noue. ¶Et lautre chemin se p̃rẽt au dela du dit põt sainct Bõnet sur gauche q̃ va a sainct Laurẽs du croc Aps on passe p le col de Mause/z a la rochette/z descẽd on a lad Bastie noue. Et est ledit chemi pl⁹ court q̃ le pcedẽt enuirõ de deux lieues. Et de lad Bastie on va a Cheorges/ et

Le.iiii. passaige

A.iii.

La description

de la a Embrun quõ dit estre la plus haulte cite du mõde. Aps on va a Chasteau roux, a sainct Clemēt, a sainct Crespin Et dela on va passer au pertuiz roustin a sainct Martin de Querrieres, ⁊ a briancõ. Et a vne lieue p dela est le mõt genefue. ⁋ Encoires il y a vng aultre chemin qui se prent sur main gauche au partir de la ville de Grenoble q̄ est pl⁹ court que les p̄cedēs de vne iournee: ⁊ bien q̄l est fort difficile. Et passe lon par malle val. Et p̄mieremēt lon treuue Uezilles aps le chilingue, le bourg dei sainct lout le villart Daraines Et de la on va passer au col de Lauteret. Aps est le monastere de Briancõ. Et cõe dit est ledit mõt de Genefue est a vne lieue pardela. ⁋ Du mont de Genefue partent deux riuieres de deux fontaines qui sont au plus pres lune de lautre: dõt les bōnes gēs du païs dient q̄ cest Dure, ⁊ la Durance.

Dure

Dorãce.

Dõt lune tire en Piemõt, ⁊ lautre en ꝓuēce. La Dure va a Suze en Piemõt, ⁊ passe aups de la ville Dauillaine. Et au dessoubz de Riuolle, et pres la cite de Thurin elle tūbe dedens la riuiere du Pau. ⁋ Et la Durance viēt du coste de Daulphine, ⁊ vient passer a Briancõ, ⁊ a coste Dembrū, et a Listeron en ꝓuence. Aps elle tombe dedēs le Rosne pres Auignon. ⁋ Le.v. passaige.

Le.v. passaige

A La descēte dudit mõt de Genefue lõ treuue le lieu de Sezanne. Et au partir de la il y a deux chemins pour entrer au païs Dytalie. Le p̄mier est sur dextre q̄ va passer p le mont de Pragella, ⁊ de la a Mantulles q̄ est la derniere place de Daulphine deuers iceluy coste. Aps on entre p le val de la Perouse en Piemõt. ⁋ Lautre chemin est dudit lieu de Sezanne a Oux, a Salla, Bertain, ⁊ a Essille. Et la on laissa en garde lartillerie du roy Charles. viii. au retour de son voyaige de Naples. Aps est le lieu de Chaumõt. Et a vng demy quart de lieue par dela est lentree du païs de piemont sur vng petit russeau quõ appelle la grauiere: q̄ vient du col de Fenestre. Et a vne lieue p dela est la⁹ ville de Suze

Suze.

Par ce dernier passaige du mõt Genefue passa le roy Charles. viii. de ce nõ, quāt il alla aux Italies pour la cõqueste et recouuremēt de son Royaulme de Naples ⁊ Secille. Le q̄l feist. Et aps la⁹ cõqueste, ⁊ q̄ ledit roy sen retournoit p deca il obtint vne tresglorieuse victoire a lēcõtre des Uenitiēs et

Charles viii.

Du païs d'Ytalie. Feuillet.iiii.

leurs alliez aupres de Fournoue sur la riuiere de Tharo en permasenne. En quoy faisant il rompit la puissance des venitiens z de leurs alliez/lesquelz a la verite dire estoient bien six côtre vng Francois. Dont lhôneur z la victioire (Graces a dieu) demoura au roy/leql ny pdit enuiron sinon.vi. vingtz hômes des siens. z au regard des ennemis il y en demoura de cinq a six milles mors sur le châp/par la relatiô mesmes et raport deso ennemis. Entre lesqlz y furêt tuez le seigneur Radulpho de gouze oncle du marquis de Mâtoue: z.xiiii. aultres capitaines z conducteurs de larmee deso Venitiês Et ce fait ledit seignr sen retourna victorieux en France. Et repassa par les mont de Geneue. ¶ De lad victoire p les lettres z diligence de Jaqs signot côpositeur de ceste psente descriptiô furêt aduertiz les gês du Roy q estoiêt demourez aud royaulme de Naples. Et de long têps apres neurêt aucunes nouuelles dud seigneur/fors q par le moyen des lettres dud signot leql estoit demoure en la terre du duc de Ferrare pour aduertir ledict seigneur du faict de ses ennemis/côe il feist par deux fois. La premiere fois fut a Ponte longuo par dela Brassello. Et lautre vng iour auant la bataille. Et furent adressez les messagiers a mousieur de Pieties pour en aduertir ledit seigneur.

La iournee de Fournoue

¶ Le sixiesme passaige.

Il y a encoires audela de Embrum enuirô trois lieues vne petite ville qui est a mousieur de Embrû quô appelle Guillestre. Ung aultre passaige/car il y a deux chemis pour aller en Italie. Lun se prent sur gauche q va p le val de Queyras/z au lôg de la côbe du Clayer la ou il fault passer quinze pontz en moins de cinq lieues. Et trouuêt on pmierement le chasteau de Queyras. Et a vng quart de lieue p de la y a encoires deux aultres chemis/lun va sur dextre au lieu Daguilles. z a sainct verât. Et puis on passe par le col de laignel/z va on au chasteau Darlesin q est la derniere place de Daulphine. Et de la on entre au marquisat de Saluces par le val de Varaite/ou par le val de mayre qui est vne aultre entree au païs de Italie.

Le.vi. passaige

¶ Puis nagueres la mâne est tûbee en las valee de Queyras. laquelle on disoit estre semblable: z en la facon z mani-

La description

ete que estoit celle que dieu enuoya aux enfans Disrael au desert/sicõme il est escript au.xvi.chapitre de Exode.
Encoires il y a vng aultre chemin qui se prent sur main gauche pardela led chasteau de Queyras/q va au lieu de Abries en Aristolas. Apres on monte incontinent au col de la croix. Et a la descente on entre au val de Luserne audit pais de Piemont.

¶Le.vii.passaige.

Le.vii. passaige

Entre lesditz deux derniers passaiges il y a vng nouueau passaige biẽ merueilleux pour entrer au pais dytalie. Cestassauoir par vng pertuiz quon a faict a coste z ioignant le mont vissol par vne montaigne quon a percee tout oultre puis.xiiii.ans enca. Et dure enuiron vng traict darbalestre ledit pertuiz. Et apres on descent par le val du pau au marquisat de Saluces:z en piemont. Et prent on le chemin pour aller audit pertuiz au dessus par vng lieu nomme le lieu Daristolas sur dextre. Et cõme dit est led passaige est tout ioignant du mont Tiros/ quon dit estre la plus haulte montaigne de Italie. Et de la part la riuiere du Po/q passe par le millieu de Lombardie. Et apres sen va tumber par trois grans bras deaue qui passent en Ferrare dedens le gouffre de Uenise qui est la mer Adriatique/entre la cite de Rauẽne z de Chirge/ distãt enuirõ dune iournee de Uenise.

¶Le.viii.passaige.

Le.viii. passaige

Item il y a encoires vng aultre passaige pour entrer audit pais Dytalie. Cestassauoir par le col de Largentiere q est en la terre noue de la côte de Nyce q souloit estre du pais de Prouence. Et fut baillee en gaige pour certaine sõme dargent quon dit de.lx. mille escuz au comte Uert pour lors comte de Sauoye.

¶Pour aller audit col de largentiere ceulx qui viennẽt du coste de Guienne/Languedoc/z Auignon. fault quilz prennent leur chemin Dauignon a Carpẽtras. au bois au col de Perche. au Ual de pierre. a Taillart. a la Breoulle en Prouence. Apres il fault passer le pas de Loset qui est vng merueilleux passaige. Et entre lon au val de mont a Meolan a Bersellonne. a Iauffier. a Meyrõnes. a Larche: z a vne lieue pardela est ledit mont au col de largentiere.

¶ Aussi au dela de Embrun audict lieu de Guillestre lon peult bien prendre ung aultre chemin sur dextre par le col de Lare. Et apres lon descend en ladicte valee de mont a sainct Pol, et dela lon va audit lieu de Meyrones de larche et ledit col de largentiere est apres.

¶ Et a la descente de la montaigne ou col de largentiere commence le val esturane au lieu de Bresies. Apres lon trouve les liens de Pierre porc. le Sambuc. Vinay de mont q̃ est au seigneur de Lental subiect du Roy a cause de sa côte de Prouence. Et par la il y a une aultre entree au pays de Italie en Piemôt. Et pour aller en la riuiere de Gennes apres ladicte ville de Mont, lon prẽt le chemin sur dextre a la ville de Couy: et de la lon va a la Marguerite au mont Deuys au marquisat de Sene, qui est au duc Dorleans. Et de la lon va au marquisat de Final, donc le marquiz est subiect de monsieur, a cause de deux places quil tient de luy. Cestassa uoir Salisay et Murialette, ou ung pou lon laisse sur main dextre ledit marquisat de Final, et va lon le grant chemin de Sauone qui se prend de ladicte ville de Sene a millesime et le carqueuene et a la cita qui est la masson du carret. mais elle est en la main du seigneur du marquis de môt ferrat. et et ladicte cite de Sauone est a sept mille pardela.

Riuiere de Gennes.

¶ La Riuiere Desture part oudit col de largẽtiere et sen va entrer dedens le Tanne au dessoubz de la ville de Queyras en la comte Dast. Et puis passe ioignãt la cite Dast. Et ap̃s sen va par le meillieu Dalexandrie, depuis sen va tomber dedens le Po, aupres de Bessiquana en la duche de Millã

Riuiere Desture

¶ Le neufuiesme passaige.

LE penultie passaige pour entrer p̃les pais du roy de Frãce es Italies ẽ p la riuiere du Tar en Prouẽce a une lieue pres de la cite de Nyce sur la mer. Et aud Tar, selõ la descriptiõ de Blõd⁹, et de plusieurs autres hystoriographes ce commence le pais de Italie, et se depart en deux chemins, lun va sur main dextre, et au long de la mer et de la Riuiere de Gennes qui cõmẽce pres Nyce et Villefranche qui sont a monsieur de Sauoye, de mont

Le.ix. passaige.

B

La description

tugo. Apres lon trouue la tarbie meutin/Tintmille/sainct Remol/Taige/Albingue Porto/Morise/le val/Duuille/ Final Noli le port cite de Clay. la cite de Sauonne/Sextri deponant veultri/Sainct Pierre darênes/Et la cite de Gênes est apres.

Julles Cesar.

Ulius Cesar au retour quil feist des Gaules et de la grand Bretaigne/Lesquelz ou la pluspart il reduist a lobeissance des Romais. Retourna en Italie par ledit chemin de riuiere de Gennes. Et aupres de ladicte Tarbie/il feist faire vng bel arc triüphal de grosses pierres/vne haulte tour qui encoires y est en signe de victoire ꞇ de perpetuelle memoire que ledit Cesar auoit passe par la/ꞇ aussi que toꝰ allans et venans par ce chemin le peussent veoir.

Le dixiesme passaige.

Le x. passaige.

E dernier passaige se prent au partier de ladicte ville de Nyce sur main gauche/qui va passer p le mõt du col de Tende/dont le comte est subiect au Roy/a cause de sa comte de Prouence. Et trouuent lõ apꝭ Nyce la Sarenne/Lespel Saourges. Et de la lõ va a Teude/ꞇ ya des mauuais ꞇ puers chemis/tellemêt que a peine les asnes ꞇ muletz qui portent le sel de la gabelle de Nyce y peuuent passer.

A la descente dudit col de Tende cõmence le plain pais au lieu de Limon. Et de la on cõmêce a porter par chariotz ledit sel iusq̇s sur la riuiere du Po. A casalgias entre poulonne et pancalier en Piemont.

Et tous les passaiges dessusdiz commencent des la frontiere Dallemaigne/ꞇ durent insques a la mer Ligustique/q̇ est la limite de la mer Tyrbenũ. ꞇ ny en a plus daultres passaiges.

Sensuyt la vraye et briefue description du pays Dytalie selon les aucteurs Geographes anciens et modernes. Et p̃miere mẽt des diuers nõs Dytalie.

Du païs Dytalie. Feuillet. vi.

Talie du consentement de tous historiographes/ entre tous aultres païs et princes durant le temps de son unyon et concorde/ a este la plus prisee et renomee: tant pour sa situation et fertilite/ que pour les grans faictz darmes prouesses/ et domination dicelles/ sur toutes aultres nations. Et recite Plyne que au temps que Lucius Emilius/ Paulus/ et Cayus/ Attilius Regulus estoient consulz/ furent assemblez quattre vingtz mil hommes dermes/ bien motez et acoustrez. Et sept centz mil pietons tous duo. païs Dytalie/ sans ceulx qui estoient dela la riuiere du Pan: et aultres estrangiers/ pour combatre contre les gens du païs de Gaule: que lon appelle maintenant Francoys qui estoient descenduz es Itales. Mais a cause des Tyrannies/ dissentions/ et discordes des princes/ et diuerses factions et Ligues qui y ont este et sont de present. Celle qui soulloit estre maistresse/ emperiere/ et dame/ de toutes aultres puices est pturbee/ tant par les siens/ que par les estrangiers. et oppressee par diuers et estranges princes. Et Vandalis/ Gothis/ Longobardis/ Gallis/ Allemanis/ et plusieurs autres.

¶ Et pour venir a nostre propos et principalle intention que de bien au vray descripre et figurer les pays Dytalie/ tant en general que en pticulier/ Il fault premierement scauoir quelz noms soulloit auoir et a les païs/ qui sont diuers. Et come escripuent les grecz et Latins/ Il soulloit estre appelle enotrie a cause de la bonte du vin qui y croist/ a quoy le nom couient selon les Grecz/ Ou a cause dun roy des Sabis ainsi nome/ Il a este aussi nome Hesperia/ come escript Iginius et Seruius a cause dun Hesperus frere Datblas qui la posseda apres quil fut deiecte de son royaulme par son frere. Semblablement a este appellee Ausonia/ ab ausone Ulyssis et calipseos filio. Et dauantage iusques a lheure presente a este nome Italie/ pour la fertilite et abundance des thoreaux qui y puienet/ que les Grecz anciennement come tesmoigne Lymeus appelloient Italos/ Ou a cause du roy de Cecille ainsi appelle. Unde Virgilius.

Est locus hesperiam graii cognomine dicunt
Terra antiqua potens armis atque vbere glebe
Enotrii coluere viri nunc fama minores

B.ii.

La description

Italiani dixisse ducis de nomine gentem
Et est aussi appellee latiũ pour ce q̃ Saturnº fuyant son filz
Juppiter se latita ⁊ cacha aud́ Latiũ.   Unde Ouidius.
Et dita est latium terra latente deo.

¶ La descriptiõ en gñal du pais Dytalie.

La terre ou pays Dytalie selon la figuratiõ des tables de Ptholomeus semble estre situee et assise en la forme et semblance de la chausse dun hõme en maniere que la duche de Millan soit assise au millieu de la cuysse/ la ville de Rôme/au genoul. Apulie/au talon et Regiũ/au bout du pie:qui est quasi ioignãt. et iadis soulloit toucher au royaume de Secille. Neantmoins Pline en son tiers liure cinquiesme chapitre la ppare a la feuille dun chesne beaucop plus lõgue que large/⁊ vng peu pliee et finissant en figure descusson darmoyrie. Et fault entẽdre q̃ la mer limite ledit pays de trois costez/Car de la partie de mydi est la mer quon appelle Tyrhenũ ou Inferũ. de mydi allant en orient/la mer est appellee Ausoniũ/ou Sicculũ ou Joniũ. Et en la partie de Septẽtrio est la mer adriaticq̃ que Uirgile au second liure appelle superũ/la ou il dit An mare quod supra memorẽ quodcq̃ aluit infra. Auquel coste sont aussi aucuns montz dallemaigne que selon Ptolomeus sont ditz Adula. Et de la partie Doccident sestent vers les grans montz nommez Alpes.

¶ Du mont appelle Apenninus.

Entre les montz qui sont en Italie Il y en a vng nomme Apenninus/Lequel par le dos Dytalie sestent Doccident en Orient C'est du cõmencemẽt de Liguria pres de Nyce/⁊ se deuise en diuerses brãches desquelles vne partie va vers la cite de Ancone/pres de la mer Adriatique/⁊ par le pays Dapulie iusques au mont de sainct Angel/aultremẽt mons Garganus/La ou fut la premiere apparitiõ de saict Michel larchange.   Et les aultres branches par Calabre Jusques a Regiũ et Pharon messine.

Du pais Dytalie.　　Feuillet. vii.

¶ La longueur et largeur du pays Ditalie/selon les anciens et modernes Geographes.

Anciennement et iusques au temps de Augustus cesar Italie comprenoit seullement depuis Pharo et aultres lieux q sont es frontieres Ditalie vers Orient iusques a vng fleuue appelle Rubicõ/pres de la cite Darimino/Cõme il appert par Strabo et Pline au tiers liure et .xiiii. chapitre. Et Lucain en son premier liure. Fonte cadit modico paruisq; impellitur vndis. Puniceus Rubicon cum feruida canduit estas. Perq; imas serpit valles. et Gallica certus Limes ab ansoniis disterminat arua colonis. Et lautre partie pardela Rubicon tirant aux Alpes estoit appellee Gallia cisalpina/a difference de lautre partie de Gallia dicte transalpina/ et vulgairemẽt France. Mais durant le tẽps oudict empereur Auguste/ Italie acquist nouueaux fins/et limites : et fut amplie et eslargie de la ptie de Septẽtrio iusques a la cite appellee Pola histrie/ et les fleuues Formion et arsia qui sont pardela Uenise pl9 de cent milliers. Et du coste de la mer appellee Tyrhenum fut aussi eslargie iusques au fleuue Uarro/lequel separe la prouince de Narbonne et Ligurie. Et pareillement vers Occident/tirant vers le pie des Alpes/iusques a la cite nõmee Augusta pretoria a nomine Augusti imperatoris/ Auquel lieu il feist faire vng arc triumphal de grant et merueilleux artifice. Et aussi vng pont pres du chasteau de Bar en la valee par laquelle on dit que Hanibal descendit en Italie qui se dit vulgairement le pont sainct Martin. Et lopinion des Histories est que ledit Cesar feist faire ledit arc triũphal pour denoter et monstrer que cestoit la porte/ commencemẽt/et limite du pais Ditalie: Duquel lieu par capue iusques a regiũ on prent la longueur Dytalie: que selon Plynius et Marcianus capella au sixiesme liure : et Solinus en la description Dytalie est de mille et vingt milliers Italiq̃s qui vallent cincq centz et dix lieues Francoises : comptant deux milliers pour vne petite lieue Francoise. Et enuiron le millieu de laquelle longueur selon ledit Plini9 est assise la

B.iii.

La description

ville de Romme. Et la plusgrant largeur dudit pays est de Arsia iusques au fleuue Uarron qui est de quatre centz et dix milliers. Et au tour de Rôme comme dit Pline de cêt et trente six milliers. Et aussi lad largeur se peult prêdre de la ville de Rouerre/pres de tridête iusqs a Liburnû en Tu sere: z la mer Tyrhenû qui côtient deux cêtz trente huyt mil liers. Et aux aultres lieux tirant vers Calabre/ lad Italie est beaucop plus estroicte.

¶ La description en particulier du pays Dytalie.

Linius qui entre tous cosmographes est repute le pl9 docte/diligent/ z scauant/ diuise le pais Dytalie en la maniere q sêsuit ¶ La pmiere ptie Dytalie est Ligurie/ et puis hetrurie/ Umbrie/ Latie ou sontho itie z Rome distant seize milliers de la mer Tyrhenû z Uolcy/ Câpani/ Pincentes/ Lucani/ z Brucii vers midy iusqs auql lieu Italie sestent incuruee en facon et forme dû croissant de Lune. Et dela au lôg de lamer adri atique retournât. sont pmieremêt/Grecie/ora/ Salentini. Peduculi/ Apuli/ Peligni/ Ferêtani/ Marucini/ Uestini Sabini/ Picentes/ Galli/ Umbri/ Etrusci/ Ueneti/ Carui Iapides/ Istri/ Liburni. Et iassache q ladicte diuisiô soit la plus veritable z antiq. Neantmois pource qi seroit long z difficille de poursuiure toutes les pticelles/no9 laisserôs ceste diuision pour les plus doctes/scauâs/ z expers. Et aussi celle de Paulus diaconus q diuise Italie en seize pties. Et descendrôs a la plus vulgaire vsitee z moderne/ selô laqlle la diuisiô sera en neuf pties. Dont la pmiere est Gallia cysal pina/de laqlle la plusgrant ptie a psent estvulgairement ap pellee Lôbardie. En la seconde est Caruia/ Iapidia/ Istria Liburnia z autres lieux. La tierce ê Romania q au têps pas se soulloit estre nômee Flaminia. La quarte ê Marthia au cointana iadis dicte Picenia. La cinquiesme est Liguria en laquelle est la cite/ duche/ z riuiere de Gênes. La sixiesme est Ethruria vulgariẽ dicte Latuscana. La septiesme ê ducat' spoleti oli vmbria dicta. La huitiesme est Latiû en laqlle est Rôme/ z aps la câpaigne. La .ix. est le royaulme de Lecille

upais Dytalie. Feuillet. viii.
lequel cõme cy apres sera declaire, sont quatre prouinces.

¶ De la premiere partie Dytalie qui a present est dicte Lõbardie.

Lombardie cõmêce en la ptie occident pres dun fleuue appelle Leruũ q̃ descend du mõt de cozoulle pres de Creuecueur p̃ Marseille, τ se conioinct a la riuiere du Pau. Et sestend la Lõbardie iusq̃s a la mer de Uenise, et daultre couste a la cite de Rauennes iusq̃s a Bononiee selon le chemin qui va a Rõme. Ceste prouince cõtenue en ses limites τ semblables est toute appellee Lõbardie: τ cõtiẽt en elle plusieurs prouinces cõme Insubriã Uenetiã q̃ lõ dit la marcha, Trenisana a marchionatu, Tarnismo, Cenomaniam, ducatũ Ferrarie, Marchionatu, Mantine, dominiũ Carpense, τ dominiũ Mirãdole, ac corrigii. Et plusieurs aultres lieux et citez subiectes aux dessusdictz seigneurs. Et fault noter que la dessusdicte prouince q̃ iadiz auoit eu plusieurs noms a vulgairemẽt este dicte Lõbardie apres laduenemẽt des Lõbars q̃ la subiuguairẽt τ possederẽt lespace de deux cẽtz ans τ plus. Et veult Paul' dyaconus q̃lz ayent este appellez Lõbars a cause de leurs lõgues barbes qlz ne coupoiẽt iamais. Ma iuxta eoʒ linguã longuã et barbã significat. Car parauãt ilz estoiẽt appellez Uinmili q̃ descendirent Dallemaigne dune insule Septẽtrionale de la grant mer Occeanũ, nõmee Scandinania pour acq̃rir nouueaulx lieux a habiter, τ vindrent a Scoringa, Mauringa, et rugerũ patria, τ tandẽ i Pannonia ou ilz habiterẽt p̃ plusieurs ãnees, τ iusq̃s a ce q̃ a la psuasiõ de Anarsete q̃ auoit este deiecte du gouuernemẽt Dytalie, p̃ lẽpereur Justin' seu Justinian', ilz lesserẽt les pãnonies, q̃ furẽt en lã de licarnatiõ n̄re seigñr cinq cẽtz soixãte huit, le premier iour Dauril. Et vindrẽt en Italie ou ilz occuperẽt tout le pais de Uenise cõe dit cronica cronicoʒ, τ Paul' dyacon' es histoires des Lõbars. Et la colloq̃rẽt leurs sieges pour habiter τ p̃ succes siõ de tẽps subiuguerẽt a forces darmes la plus grãd ptie di talie q̃ ilz tidrẽt τ occuperẽt iusq̃s au tẽps de Charlemaigne q̃ les veiq̃t, τ expulsa hors. Neãtmois leõ pais de quoy auõs fait mẽtiõ a cause deulx a depuis este appelle Lõbardie

La description

Et les aultres parties quasi toutes ont garde leurs noms anciens. Et fault entendre que la plusgrāt partie des citez qui sont en Lombardie recongnoissent lempereur/exceptez aucunes/cōme Ferraire qui obeyt au sait pere. Et la cite de Uenise qui ne recongnoist point de superieur en temporalite/car ilz ont estez sont exēps de lempire. Et de ladicte liberte et exemption iceulx Ueniciens ont vne bulle de fin Or/ainsi que recite Albericus de rosate in.l.prima.C. de sūma trinitate & fide catholica. Lequel dit auoir veu icelle bulle. Et aussi le tiēt messire Jason de mayno tresfameux docteur i dicta.l.prima.col.iii. Et fut ladicte ville de Uenise edifiee enuiron le temps de lincarnatiō nostre seigneur Jesuchrist Lan quatre centz cinquante. Et six ans apres grandemēt ampliee/quant Athilla Roy des Hunes/que on veult dire maintenant les Hongres. Lequel Athilla fut appelle flagellum dei. Et destruict Aquileiam/et la pluspart Dytalie. Et en celluy temps plusieurs des habitans des bonnes villes voisines du lieu ou est a present la cite de Uenise: & mesmement ceulx de la cite Daquilee/de Padoue/de Concorde/ de Uicence/ de Ueronne/ de Mantue/ de Millan/ de Pauie/et de plusieurs autres citez dudit pays de Lombardie/pour euiter la fureur duō Athilla. Et pour sauuer leurs personnes/& leurs biens meubles/se retirerent dedans certains maretz/& petites isles/au bout de la mer adriaticque que on appelle le gouffre de Uenise. Et ne fut pas faicte la dicte ville de Uenise ne ampliee par pasteur cōme fut la ville de Rōme/Mais fut faictez ampliee par les pl⁹ puissans et riches gens des Prouinces voisines cōe dit est/qui illec sen estoient fuys/pour la persecution dudit Roy Athilla. Et est vne chose moult merueilleuse et digne de louenge q̄ vne telle & si grosse cite qui a este fondee de diuerses citez et de diuers peuples ait si long temps regne/cōme pl⁹ de mille ans en si grād accroissemēt de biēs/& de si grād gloire/prudēce/& sagesse/auoir tousiours este entretenuz en bōne vniō Et ledit pais des Ueniciēs cōfine a la duche de Millan/au marqs de Mātue/a la duche d̄ Ferraire: & aussi vers le pais de lēpereur. Et fault entēdre q̄ en ceste premiere partie sont plusieurs nobles & fameuses citez. Cōe Augusta/Pretoria

Eporedia/Taurica/Asta/Vercelle/Nouaria/Alexādria/
Dartona/Placentia/Parma/Mātua/Mirandela/Car-
pe Regiū/Ferraria/Patauicū/Venecie/Trauisiū/Vincē-
tia Verona/Pasqera/Cremona/Crema/Mediolanū Pa
pia Lodiū/Bargamū Lorepia/Comū. Et plusieurs autres
q̃ seroit long a escripre. Pareillement en lad region a vnze
lacz de nom & renommee. Et diceulx descendent aucunes ri
uieres/cōme Abdua qui sourt du lac Larius/id est nourer-
mensis. Ticinus qui vient du lac Verbanus/id est lac° ma
ior/ Mintius du lac benacus/id est gardiēsis. Olliū du lac
Sebininus/id est esse Lambrū du lac eupulis. Les aultres
fleuues dignes de memoire sont premierement Padus q̃
les Grecz nōment Eridāmes duquel Virgile dit.
Fluuiorum rex Eridāmis camposq̃ per omnes
Cum stabulis armenta trahit.
¶ Lequel Pau est renōme a cause que Frieton qui fut ful-
mine par Juppiter trebucha dedans. Et Solinus & Marcianus capella escripuent/& aussi Plinius au tiers liure qn-
ziesme chapitre quil prent son commencemēt in gremio ve
suli montis elati in cacumie celsissimū. Et descend par certains conduitz dedans terre iusques in Forombiensiū agro
Et recoit trente fleuues qui se conioiguēt a luy/quil cōduit
a la mer adriatique. Desquelz le nom des plus renōmez est
premierement du mont Apenninus/Tanarus/Trebia/la
centinus/Gabellum/Sculternaz/Rhenū. Et du coste des
alpes Stura/Morgus/et deux sessites Ticinus Lambrus
Aldua/Ollium/Mintius/Et est ledit Pau le plus noble
et renōme:& qui en bref espace est plus augmēte de tous au
tres fleuues du monde.
¶ Or fault noter que pour venir en ladicte partie Dytalie
et signāment en la duche de Milā du coste & pais des souisses et cantons. Don ny peult aultrement passer sans passer
par les mōtaignes. Et fault que si ceulx de Fribourg/Bar
ne/et Soulerne veullent venir a Millan qlz passent le mōt
sainct Bernard pour le plus court: & pourroient descendre
pres de Alexandrie. Et au regard des aultres cōme Surne
Suisse/Oury/Gary/& Basle/fault quilz passēt le mōt saict
Godar/qui est tresmauuais a passer. Et quant ilz ont passe

L.i.

La description

Il y a deux journees de plain pays enuironne de mōtaignes en venāt a Bellissonne/Laquelle lesō Souisses detiennent de present: et la prindrent quāt le seigneur Ludouic fut pris audit Millan. Auquel lieu de Bellissonne il y a trois bons chasteaux. et dudit lieu de Bellisonne iusques a Lugan/ou Lucerne que tient le Roy peut auoir trois lieues de plaine/le long dun torrent: et nest pas ledit Lugan grant chose si non que depuis aucū tēps lon lait fait fortifier. Audit Lugā a vng lac p leql fault passer a basteau. et contient quatre lieues et est enuironne de montaignes: et de la on vient descendre a deux lieues pres come: et de come a Millan. Et y a du dit come a Millan enuiron vingt et cinq petis milles.

⁋ De la seconde partie Dytalie.

La seconde partie Dytalie est prouincia Foroniliensis vulgairement dicte Friuli en la quelle soulloit estre la belle et glorieuse cite Dacquileie pres du fleuue Turrū qui iadis fut destruicte par Athilla cōme dessus a este dit. Et les citez Sacilū curtū Motu ioignēt le fleuue Liquecia/Portꝰ/Maruis/pres le fleuue Metinū/Sainct Guido pres de tilianentū qui appartient au patriarche Daquileya spilinberguz auō fleuue/Grandiscum pres le fleuue Sentiū mons fulco pres de la mer/Vtinū Forum Juliū quod nunc ciuitas austrie dicitur. Saict Daniel/Glemona/es mons carme/Mutane/ē peu de distāce du fleuue Torrens belina/cor montiū/comitatus goricie/vne ville de tel nom/Il y a aussi daultres fleuues/Natiso/Claramus/Limanus. Et apres sensuit Tergestinus/Sinus auquel est Tergeste/le fleuue formio/qui estoit le terme et limite quāt Italie fut augmētee. Et la terre Istria ainsi appellee du fleuue Ister qui entre dedens la mer au contraire et vis a vis de la riuiere du Pau. Laquelle Istria entre dedens la mer en forme quasi dune Isle: et contient quarante milles de large. et en circuit cent vingt et deux. Les citez qui sont dedans est Egula parentū/Pola/que nunc Julia pietas dicitur quondam a cholchis condita Picenū/Picnetū/Aluū Et apres est le fleuue Arsia qui est le terme Dytalie/in illici

co/seu Liburnia/Pareillement sont populi ius italie habē
tes vt alate samates. Et plusieurs aultres.

⁋Et comme Venise qui est en la seconde partie Dytalie
cy dessus escripte/Contient premierement la cite de Veni
se/Chiorge/Montaubā/z Lauret pres les Fournaises sur
vng des bras du Po venant deuers la cite de Rauenne/et
au long de la mer adriatique. Et deuers la Lombardie ilz
ont la marque trauisāne:z tirēt en Hongrie et en esclauōnie

⁋Aucuns aussi ont voulu dire qne iceulx Venitiens detiē
nent ce quilz ont de tous leurs circōuoisins/combien quilz
vueillent dire le contraire:z quilz possedent tout a bon z iu=
ste tiltre.
⁋Et premierement on dit quilz detiennent du pape les ci
tez de Rauenne et de Ceruie/lesquelles le Roy Pepin dō
na au Pape Adrian premier/z a la saicte esglise Rōmaine

⁋De lempereur pareillement il detiennent comme lon dit
les citez de Padoue/de Vincēce/ et de Veronne.

⁋A Padoue y auoit des gentilz hōmes nōmez de la cara
ra. A Vincence ceulx de Caualcabone. Et a Veronne les
nobles de lescala/lesquelz estoiēt seigneurs desdictes trois
citez. Et par lesditz Venitiēs ont este chassez les vngz aps
les aultres/puis enuiron quatre vingtz ans en ca.

⁋Et se tenoient lesdictes citez de lempire. Pareillement
du roy de Hongrie. Ilz detiennent partie de la Dalmachie
la ville z le port de Iarra: et plusieurs autres bōnes places
et portz de mer.
⁋De la maison Daustruche/la ville de Mestre/la cite de
Trauiz/z la marque Trauisanne. les vallez de Felletrem z
de Hutdēne/z de plusieurs aultres places deuers Trieit/et
aussi deuers la cite de Trent venant en verōnois qui sont de
toute anciennete de la maison Daustruche.
⁋De leuesque de Trent detiennent la ville de Romiere: z
plusieurs aultres places de son euesche.

C. ii.

La description

¶ De la duche de Millan ilz soulloient detenir la ville de Creme, les citez de Bresse et de Bergame.
¶ Du marquis de Mantoue il detiennēt les villes dazoulle et de Piscara: et plusienrs autres bonnes places qui sont sur le lac de Garde.
¶ Du duc de Ferrare: ilz detiennent la ville de Longuo, la badye: et le pais du Poielisme.
¶ Sur monsieur de Sauoye ilz detiennent hors dudit pais de Italie le royaulme de Cypre a luy appartenant p vraye succession de son feu frere le Roy Janus: et par donatiō que en feist la feue Royne de Cypre sa fēme a la maison de Sauoye. Aussi il y a encoires deux enfans de feu Jacques de Lesignen bastard de Cypre: lequel a laide des Venitiēs en fut fait Roy par force darmes. Et depuis le marierēt a vne fille Venicienne qui est encoires en vie. Et dit lon quilz detiennent lesditz enfans prisonniers dedans le chasteau de Padoue.
¶ Et depuis le retour de trescrestien Roy Charles huitiesme de la conqueste ou recouurement de son royaulme de naples et de Cecille, Iceulx Venitiens luy detiennēt les meilleures villes et païz de mer de la pouille. Cestassauoir Brandiz, Octrante, Mola, Polligano, Tranne, Gallipolli, et manipolil.

¶ La tierce partie Dytalie.

Romanie est la tierce partie Dytalie, laquelle cōmence a Rauenne sur ladicte mer adriatique. Et de lautre coste deuers le grāt chemin Romain elle commence a Boulongne la grasse: et dure iusqnes a la cité de Pesseir qui est pareillemēt sur ladicte mer Adriatique, a lentree de la marque Danconne. Et dedans ceste partie sont contenues les citez de Rauēnes, ladicte cité de Bonlongne, et partie des boullenois: et les comtez et seigneuries de Imola, Fayeuse, De Fourly, le val du mōt Castrocari: et le val de la falconnie, laquelle les Florentins tiennent en ladicte Romanie. Les villes de Luge, de massa, de Baignecaual qui sont au duc de Ferrare.
¶ Et semblablement la ville de Cotignolle de laquelle partie vng nommé François sforcia filz de sforcia atē

Du pais d'Ytalie. Feuillet.xi.

dulus en son propre nom appelle Mustio sforcia natif de la dicte ville de Cotignolle. Lequel en passāt par le fleuue de Piscairiz fut submergié et noyé, en lan mil quatre centz xxi, Et lequel Francoys, non obstant cōme il eust este assez glorieux en armes: toutessfois il na pas tonsiours este cōstāt ne fidele. Car a verite il a este plus curieux de faire son profit que de tenir fidelite a ceulx qui lōt appelle et euocque en leur aide pour estre leur conducteur et chef de guerre. Ainsi quil appert quant premieremēt il fut appelle et euocque par les Uenitiens pour mener guerre a lencōtre de Phelippe duc de Millan. Car tantost apres que ledit Philippe luy eust offert sa fille bastarde, nōmee Blāche en mariaige, il laissa la partie desditz Uenitiēs, & tourna sa robe, & se ioignist auec ledit Phelippe duc de Millan. Tellement q̄ en brief tēps ledit Philippe a force darmes recouurit les villes, places, et chasteaux que lesditz Uenitiēs luy auoient prises & ostez. Et tout autant en fist il apres la mort dudict duc Phelippe quant il fut appelle des Millānois pour estre leur capitaine et chef de guerre contre les Uenitiens qui leur faisoiēt guerre, Lequel voyant que oportunite estoit venue q̄ facillemēt pourroit auoir la duche de Millan, Ilz trahit lesd Millannois & sist confederation auec lesditz Uenitiens, tellement que par leur aide tāt darmes que dargent, il tint le siege de uant Millan si longuement quil affama les citoiens & habitans de ladicte cite: & furent contrainctz denuoyer pdeuers luy, & le faire leur duc. Et par ce moyē na ledit sforcia ne les siens aucun droit en ladicte duche de Millan. Mais par tyrannie seullement par aucū temps la vsurpee. Car apres la mort dudit Phelippe qui fut en lan mil quatre centz.xlvii ladicte duche de Milla par droicte ligne escheoit aux hoirs de sa seur Ualentine, laquelle en lan mil trois centz quatre vingtz et neuf fut mariee a Louys de Ualoys, duc dorleans, grant pere de feu Louys douziesme de ce nom Roy de France que dieu absoille: lequel a iuste tiltre estoit vray duc de Millan. Et partant a bon droit Loys. xii. deiecta hors de sadicte duche de Millan Ludouic sforcia sournomme le more qui tyrāniquemēt & sans aucun droit: & vsurpoit lad duche cōme auoient fait son pere Francois sforce, & son

Frācois sforcia.

Linconstāce de sforcia.

La duche de Millan p droite ligne aptiēt au Roy de Frāce a psent regnant a cause de sa fēme.

La description

frere Galliache qui estoiēt descenduz de Blanche marie fille bastarde dudit phelippe marie. duquel cōbiē quil eust este marie a deux femmes/ou selon aucuns a troys. ꝛ toutesfois aucuns legitimes enfans ne sont descenduz de luy ne par consequent heritier. Parquoy ladicte duche est venue par droit heredital a la maison Dorleans cōme plus prochaine

Galliache.

Car Jehan galliache filz de Galliache marie/ lequel apres quil eust tenue ladicte seignourie de Millan par lespace de vingt ans en tiltre de comte. Il obtint en lan mil trois cētz xcv. ou moys de Septēbre de lempereur Vantisieus que ladicte seignourie fut exaulcee ꝛ appellee duche. Et par ainsi fut le premier duc de Millā. lequel successiuemēt eut deux femmes/dont lune fut nōmee Isabeau/fille du duc de Sauoye de laquelle vint Valētine qui fut cōe iauoie dit mariee a Loys duc Dorleans.

Millan fut erigee en duche

¶ La seconde fut sa cousine fille de son oncle Barnabos appellee katherine/de laquelle il eut deux enfans Jehan marie ꝛ Phelippe marie. Apres le trespas duquel Jehan marie son filz aisne aage de. xiiii. ans/ succeda a ladicte duche de Millan/ en lan mil quatre centz et deux. et fut le second duc de Millā. Mais pource quil fut fort cruel en son regne et mauuais enuers sa ꝓpre mere/ dieu ne le laissa pas lōguement viure. Car villainemēt il fut mis a mort p ses ꝓpres seruiteurs sans laisser aps luy aucun heritier pquoy apres luy Phelippe marie son frere eut ꝛ obtint lad seignourie. Et fut le tiers duc. Apres la mort duql lad duche a este sans vray duc cōe dit est vsurpee p les Frācois sforcia ꝛ ses enfās depuis lan mil quatre centz. xlvii. q̄ les duc Phelippe deceda iusq̄s a Lan Mil cinq centz. que le roy Loys. xii. mist hors de lad duche a force darmes led Ludouic seurnōme le more/leql cōe dessus est dit p tyrānie locupoit. Et a este led Loys. xii. entre les vrays ducz de Millan le. iiii. duc. Et a psent est succede Frācois pmier de ce nō Roy de France/a lad duche de Millan a cause de madame Glaude fille dud Roy Loys sa fēme. Et est en ordre le. v. vray duc de Millā Auql dieu vueille dōner bōne vie ꝛ victoire ptre ses ēnemis et retourner a Joye pacifique duc sans plus y auoir de repugnance. Et p ce q̄ dit est appert clairemēt le bō droit ꝛ iuste ti

Frācois Roy de France duc de Millan.

Du païs d'Ytalie.

tre q̃ le feu Roy Loys.xii.z le roy Frãcois a p̃sẽt regnãt ont a lad' duche de Millan. Et la tyrannie z iniquite de ceulx q̃ sans aucune couleur lont voulu z veullent empescher.
¶ Aussi en ceste partie sont les citez de Bretonnoza/de Listene/z erremy le port sezanatico: z plusieurs autres places
¶ Et a ceste Romanie.iiii.vingtz et dix milles de long/ et le plus large est cõmunement de.xxx.a.xxxv. milles. Et a sur dextre les mõtz apẽniz: z sur gauche ladicte mer adriatique: z ya quelque ville qui est au pape: z le seurplus le doibt recongnoistre. ¶ La quattriesme partie d'Ytalie.

La marque d'ancône q̃ est la.iiii. p̃tie d'Ytalie viẽt apres lad' Romanie: z cõmence a lad' cite de Pezero. Et dure iusques sur la riuiere du tron/qui est vne des entrees du royaulme de Secille/deuers Aprus en tirant vers la pouille. Et a lesditz mõtz apẽniz sur dextre: le long de la mer adriatique sur gauche. Et contient lad' marque d'ancône/la duche de Urbin: les citez z seigneuriez de Pezero: de Fauo/z de Semegaille. la cite d'Ancône/la ou il ya vng merueilleusement beau port. La ville z le port de Racanat/au pres de saincte marie de Loret: Formio: z Escoly. Et ont ces deux dernieres villes bien trois centz chasteaux soubz elles. Ainsi sont en ceste partie les citez de Toulentin z de Camerin: z plusieurs autres villes/places/z chasteaux. Et contient enuiron cent mille de long z de large/le plus cõmunemẽt.l. mille. Et ya plusieurs villes z citez qui sont au pape: z le seurplus le recongnoist.

¶ La cinquiesme partie d'Ytalie.

La duche z riuiere de Gêne est la.v. p̃tie d'Ytalie z cõmẽce a la riuiere du Uar q̃ est au bout de puẽce Et a vne lieue p̃ deca est la cite de Nyce/ z cõbiẽ quõ dit cõmunemẽt Nyce en puẽce. Mais selõ la descriptiõ de Blõd' z de plusieurs autres historiographes lad' riuiere de Gênes quõ soulloit appeller Liguria cõmence a lad' riuiere du Uar: z dure iusq̃s a lad' riuiere de Lamacra: sur laq̃lle est la ville de Feresenne. Et anciẽnemẽt y estoiẽt les port z cite d' Luue dõt encoires le Ual retiẽt le nõ: q̃ sappelle Luuesaine. Et cõtient ceste cinquiesme partie ladicte cite de Nyce: z le port de Uille franche qui sont a monsieur de Sauoye.

Feuillet.rii.

La.iiii. partie d'Ytalie.

La v. partie d'Ytalie.

La description

Apres est le port ⁊ le chasteau d̄ Mōtiugo ⁊ la cite de vīt mille/Laige/Albingue/le Val/Donuille/le marquisat de Final. Noli/la cite de Sauōne. Sextri. Uoultri. ⁊ la cite de Gennes. Et pdela au long de la mer sont la ville de Rapello/Portoueno/Lespece/et Portosin. Et deuers la montaigne sur gauche a coste de lauaigne qui est a la maison de flisco. Et a ladicte riuiere de Gēnes la mer tout du lōg sur dextre. Et sur gauche les montz Appenniz. Et contient cēt.lx. mille de long. et bien peu de large. Et le plus cōmun est de xv.a.xx.mille. Et ya quattre principalles maisons de gentilzhommes/ſeſtaſſauoir de Flisco/Oria/Spinole/et griault. Et deux autres maisons quilz appellent chapelles/ᵐi ont communement toute la suite du peuple. Ce sont les qᵘigouses qui sont guelfes. Et les adoraes qui sont gebelᵉrs:⁊ tousiours sont en diuision.

Riuiere de Gennes

Et se tient ladicte ville de Gennes en foy ⁊ hommaige
Roy de France.

La.vi. partie Dytalie.

La sixiesme partie Dytalie.
Oscane cōmence a ladicte riuiere de la macra/⁊ dure iusques au Tibre ⁊ a Romme/⁊ au cōmencement de ceste sixiesme partie sont les marquiz de Malespine de Larara/⁊ de Nyce.

Apres sōt Lucois les Pisains/le seigneur de Plumbi. les Florentis. les Sēnois/⁊ les terres de leglise et du patrimoine de sainct Pierre/lesquelles lempereur Constātin/cōme aucuns diēt dōna en partie au pape Siluestre. Et depuis la cōtesse Matilde en donna la plus part a la saincte eglise Rōmaine.

Aussi partie des places des Urcins y sont.
Et contient ceste partie deux centz.xxiiii. mille. Et les aultres desdictes seigneuriez recōgnoissent le pape. Et les aultres ne veullent aucun recōgnoistre. Et a ladicte Toscane la mer tout du long sur main dextre. Et sur gauche les montz appēniz. Et la riuiere du Tybre.

La septiesme
partie Dytalie.

A duché de Spoulette est la province quon souloit auciennement appeller Umbria: et est la septiesme partie, z commēce sur main gauche: z au dela de Romme vne iournee en vng lieu qui sappelle Atricouly par dela le Tybre. Et dure dun coste iusques a ciuitas de castello, z au lac de Perouse.

La .vii. partie ditalie

¶ Et de lautre iusques a la cite Dangobio. et a la marque Danconne sur main dextre. Et sur main gauche a la riuiere du Tybre tout du long.

¶ Et sont en ceste partie premierement les citez z communaultez de Neruy, de Teruy, z de Thody.

¶ Ladicte duche z cite de Spoulette est celle que Charlemaigne donna a la saincte eglise Rommaine. Fouligny, z la cite de Acoysy, la ou reposent les glorieux corps de saict Francoys z de saincte Clare, qui furent natifz de ladicte cite de Acoisy.

¶ Aussi les perusins sont en ceste partie. La cōmunaulte z cite Darriette, z plusieurs aultres villes z communaultez. Et toutes celles qui sont par deca et par dela le Tybre qōn appelle la terre de leglise sont toutes bādees tenās les vngz le party des Uisins qui sont Guelfes. Et les autres le party des Coulenois qui sont Huebelins. Et sur ceste folle qrelle sont continuellement en guerres et diuisions: dont lesdictes villes en sont a demy ruineuses z quasi destruictes.

¶ Et a ceste partie enuiron .lxx. mille de long, et autant de large. Et y est le pape assez mal obey.

¶ La .viii. partie Dytalie.

Ampaigne de Romme quon souloit anciennement appeller Latina, commenc̄e a Romme z par dela le Tybre, z dure iusgues a le comte de Fondy par dela Terrassine qui est sur la mer. Et de lautre coste iusques a la riuiere du Garillam z a la duche de Soire qui sont deux entrez du royaulme de Secille.

La .viii. partie ditalie.

¶ Et contient ceste partie plusieurs villes z citez de leglise z partie des places des Uisins z Coulenois sabelle de côte

D

La description du pays Dytalie
et de Gueytans qui sont tous gētilz hommes Rommains
¶ Aussi Hostie est en ceste partie. Et pareillement Albanie laquelle on temps des Rommains fut merueilleusement grande.
¶ Et a ceste partie enuiron. lxvi. mille de lōg/ z quasi autāt de large. Et confine a la mer sur dextre. Et sur gauche elle a les montz deuers Aprus. Et au temps passe toutes terres de labour estoient de ceste partie de Campaigne qui appartient en partie au pape. Et le seurplus le recongnoist.

¶ La. ix. partie Dytalie.

LE Royaulme de Secille est la. ix. z derniere ptie de ladicte diuision de Italie/ laquelle commence a ladicte côte de Fondy deuers la mer mediterranee. Et deuers la mer Adriatiq a ladicte riuiere du Tron au pais de Aprus. Et entre deux elle confine aux terres du Pape/ et aux montaignes de Morce. Et au demourant elle est enuironnee desdictes deux mers. Et contient quatre prouinces principalles/ Cestassauoir les terres de labour/ Calabre/ Pouille/ z Aprus/ Et confine ledit royaulme de Secille deuers lad Calabre au Far de messine en lisle de Secille quon souloit appeller Trinacria. Et deuers Adriatique elle regarde deuers la Grece et a la Valōne en Turquie. Et contient ledit royaulme de Secille trois centz xxv. mille de long. Et au plus large cent. xx. mille. Et es aultres lieux il est beaucop plus estroict. Et recongnoist le pape z la saincte eglise Rommaine.

¶ Cy fine la totale et vraye description de tous les passages/ lieux/ z destroictz/ par lesquelz on peut passer et entrer des Gaules es Italies.

Le sommaire du païs D'ytalie.　Fueillet.xiiii.

¶ C'est le sommaire de ce que les seigneurs et communaultez de Italie tiennent communement dudit païs.

Et premierement le pape des terres de le glise. ii.centz.xl.mille ducatz
Item les obuentions de la chambre apostolique. cxx.mille ducatz
Item du royaulme de Secille. vii.centz mille ducatz.
Item les Venitiens dedens Italie huit centz mille ducatz.
Et dehors de Italie, tant de Esclauonie q̃ du royaulme de lisle de Crete quon appelle Candie la more de tarso curso demondon. iiii.centz mille ducatz
De la duché de Millan · vi.centz mille ducatz
Les Florentins. · iii.centz mille ducatz
Les Senuois iiii.vingtz mille ducatz
Les Bouloignois lx.mille ducatz
Les Genneuois cent mille ducatz
Les Lucois xxx.mille ducatz
Le duc de Ferrare cxx.mille ducatz
Le marquiz de Mantoue lx.mille ducatz
Le marquiz de Montferrat xl.mille ducatz
La comte Dast · v.mille ducatz
Le marquiz de Saluces x.mille ducatz
La principaulté et païs de Piemont. · lxx.mille ducatz

Item les barons du dit royaulme de Secille, les Ursins, les Coulenois, les autres gentilz hommes, duc Urban seignr̃ de Camerin, seigneur de Senegalle, seigneur de Pezero, comte de Foully & Dimole, le seigneur de Faience, seignr̃ Darremaigny, seigneur de Plombi, seigneur de Capi, de Correge & de la mirandole. Et plusieurs aultres barons de Italie q̃ peuuẽt tous ensemble auoir toutes les annees la somme de cinq cent mille ducatz.

¶ Somme de toutes les parties dessusd'
quatre millions.xi.cẽtz.xxxv.mille ducatz

D.ii.

Le chemin de Paris

¶ Sensuyt le chemin de Paris a Romme.

Premierement de Paris a Estampes.
De Estampes a Toury.
De Toury a Orleans.
De Orleans a Bourges
De Bourges a Moulis en Borbonois
De Moulins a Lion sur le Rosne.
De Lion a la Terpillerie
De la Terpillerie a la tour du Pin.
De la tour du Pin a Hesguebellette mõtaigne fort haulte.
De Hesguebellette a Chambery.
De Chambery a Montmelian.
De Montmelian a Hesguebelle.
De Hesguebelle a la Chambre.
De la Chambre a sainct Jehã de moriẽne
De sainct Jehan de moriẽne a saict Juliẽ
De sainct Julien a Oreille.
De Oreille a sainct Andry.
De sainct Andry a Tresmignon.
De Tresmignon a Lasnebourg.
De Lasnebourg on mõte le mõt Seniz, puis on treuue le mõt Seniz la Ferriere
De la Ferriere a Suze.
De Suze a Villaine.
De Villaine a Montcallier
De Montcallier a Villeneufue en Ast.
De Villeneufue en Ast a Ast.
De Ast a Felicet.
De Felicet en Alexandrie.
De Alexandrie a Tortonne.
De Tortonne a Castage.
De Castage a Chastel sainct Jehan.
De Chastel sainct a Plaisance.
De Plaisance a Florencelle
de Florencelle au bourg sainct Denys.
du Bourg sainct denys a Parme.

a Romme.   Feuillet.xv.

De Parme a Rege.
de Rege a Ribere
de Ribere a Modene
de Modene a Chastel franc
de Chastel franc a Saule.
de Saule a Boulongne la grece
de Boulongne la grace a Pregnore
de Pregnore a Louen.
de Louen a Pietremalle.
de Pietremalle a Florenserolles
de Florenserolles a Lescarperie
de Lescarperie a Florence.
de Florence a sainct Cassant.
de sainct cassant a pont gibout.
de pont gibout a Sennes.
de Sennes a bon conuent.
de Bon conuent a sainct Clerico.
de sainct Clerico a la Paille.
de la Paille a Aigue pendante
de Aigue pendante a sainct Laurent
de sainct laurent a Boulesne sur le lac.
de Boulesne a Mont flascon.
de Mont flascõ a Titerbe/auquel lieu
repose de la glorieuse saincte Rose
de Titerbe a Rossilon.
de Rossilon a Soutre
de Soutre a monte Rose
de monte rose a Bacquane
de Bacquane au Bourget
du Bourget a Montemare.
de Montemare on descend en la saincte
cite de Romme.

¶ Cy fine le chemin
pour aller de Paris
a Romme.

Numerus & tituli Cardinaliū &c.

Numerus & Tituli Cardinaliū, Patriarcharum quoq; ordo Archiepo̅ru̅q; nomina, & Episcoporum in vniuerso orbe existen̅.

In ciuitate Romana vbi est pape sedes sunt q̅nq; ecclesie parrochiales dicte scil; Ecclia beatissimi Saluatoris lateranen̅. que habet priorem
Ecclesia beati Petri que habet archipresbyter cardinale̅
Ecclesia sancti Pauli que h; abbatem
Ecclia b̅t̅e̅ Marie maioris q̅ hab;t archipresbyterum.
Ecclesia sāncti Laure̅tii extra muros que habet abbatem.

Prime autem ecclesie scilicet Lateranen̅. in qua e̅ Romani po̅tificis epa̅lis sedes sunt assignati: septem, Cardinales episcopi scilicet
Episcop9 Cardia̅lis Ostien̅ q̅ sol9 pallio vtit̅: & est aliis di gnior ppr̅ pape p̅secratione̅.
Ep̅s Cardinalis Albanen̅.
Ep̅s Cardinalis Sabinen̅.
Ep̅s Cardinalis Penestrin9 vel Penestrinen̅.
Ep̅s Cardinalis Portuen̅.
Ep̅s Cardia̅lis sc̅t̅e̅ Ruffine
Ep̅s Cardinalis Tusculan9 vel Tusculanen̅.
Et isti ep̅i cardiales (vt dicit d̅n̅s Martin9 in sua cronica) sunt tanq; d̅n̅i pape vicarii q̅ in d̅n̅icis diebus, & festis precipuis in altari sancti Saluatoris ecclie Lateranen̅. deb;t deseruire. Sigulis vero aliis ecclesiis assignati sunt p̅sbyteri cardinales, qui i toto su̅t vigitiocto, & diuisi per septenariū numeru̅ i qualibet aliaru̅ quattuor patriarchaliu̅ ecclesiarum septe̅ sunt intitulati ad celebrandum.

In ecclesia sc̅t̅i Petri intitulati sunt septem p̅resbiteri cardinales sequentes
Presbiter Cardinalis tituli sancte Marie trans tyberim
Pb̅r cardial̅ ti. s. Grisogoni.
Pb̅r cardialis titu. s. Cecilie
Pb̅r cardialis ti. s. Anastasie
Pb̅r cardinalis tituli sancti Laurentii in damasco
Pb̅r cardinalis tit. s. Marci.
Presbiter cardialis tituli sa̅cti Martini in monte.

Presbiteri cardinales intitulati in ecclesia sancti Pauli, qui debent in maiori altari deseruir̅e.
Pb̅r Cardialis ti. s. Sabine.
Pb̅r cardialis titu. s. Prisce
Pb̅r Cardialis ti. s. Balbine
Pb̅r Cardialis tituli sanctorum Nerei et Achilei.
Pb̅r Cardialis titu. s. Sixti

In ciuitate Romana　　Feuillet.xvi.

Pbr Cardial' tit. s. Marcelli
Pbr Cardialis ti. s. Susãne.
¶ Isti septẽ presbiteri Cardinales sunt ad ecclesiã sancte Marie maioris.
Presbiter Cardialis duodecim apostolorum.
Presbiter Cardinalis tituli sancti Ciriaci in termis.
Pbr Cardialis ti. s. Eusebii.
Pbr Cardial' ti. s. Potẽtiane
Pbr Cardialis ti. s. Vitalis.
Pbr Cadialis tituli sanctorum Marcelli & Petri.
Presbiter Cardinalis tituli sancti Clementis.
¶ Isti septẽ presbiteri Cardinales sunt ad ecclesiã sancti Laurentii.
Pbr Cardial' ti. s. Praxedis
Presbiter Cardinalis tituli sancti Petri ad Vincula
Presbiter Cardinalis tituli sancti Laurentii in lucina
Presbiter Cardinalis tituli sancte crucis in hierusalem.
Presbiter Cardinalis tituli sancti Stephani i celio mõte
Presbiter Cardinalis tituli sanctorũ Johannis et Pauli
Presbiter Cardinalis tituli sanctorũ quattuor coronatoꝛ
¶ Dyaconi vero cardinales ad seruitutẽ dñi pape deputati sũt sexdecim: quorũ Cardinalis sancte Marie est

prim⁹ & Archidiacon⁹ alioꝛũ
Dyaconus Cardinalis tituli sancte Marie in porticu
Diaconus Cardinalis tituli sanctoꝛũ Cosme & Damiani.
Diaconus Cardinalis tituli sancti Adriani Palacii
Diaconus Cardinalis ti. scti Gregorii palacii / ad vellum aureum.
Diacon⁹ Cardialis ti. sancte Marie in sch la greca
Diacon⁹ Cardialis ti. sancti Nicolai inter ymagines
Diaconus Cardinalis tituli sancti Angeli.
Diaconus Cardinalis tituli sancti Eustachii.
Diaconus Cardinalis tituli sancte Marie in aquario
Diaconus Cardinalis tituli sancte Marie in via lata
Diaconus Cardinalis tituli sancte Agathe.
Diaconus Cardinalis tituli sanctorum Sergii & Bachi.
Diaconus Cardinalis tituli sancte Lucie in septem soliis
Diaconus Cardinalis tituli sancti Quiriaci.
Diaconus Cardinalis tituli sancti Viti in macello
¶ Sequũtur nomina Archiepatuũ & Epatuũ ĩ vniuerso orbe. Et pmo. Qui sũt sub Romano põtifice & nulli⁹ alterius prouincie.

Episco. Ostien.
Episco. Ualetien.
Episco. Albanen.
Episco. Tusculanen.
Episco. Portuen. ז. s. ruffine
Episco. Libertin⁹ nunc ciui-
tas papalis.
Episco. Reatinus.
Episco. Sabinen.

¶ In campania terra
dñi pape sunt dece epat⁹ scz.
Epi. Anagin⁹ vl' Anaginen.
Episco. Sagin⁹ vl' Saginen.
Epi. Feretin⁹ vl' Feretrinen.
Epi. Alatrin⁹ vel Aletrinen.
Epi. Uerulan⁹ vl' Uerulanen.
Episco. Terracinen.
Epi. Soranus vel Soratien.
Epi. Fundan⁹ vel Fundanen.
Epi. Gaiectan⁹ vl' Gaiecten.
Epi. Aquinas vl' Aquinaten.

¶ In Sicilia sūt tres
Metropolitane ecclesie / siue
tres Archiepiscopi.
Archieps Panormitanus.
Archieps Montis regalis.
Archiepiscopus Messanen.

¶ Panormitanus ar-
chi. hz tres suffraganeos epi-
scopos qui sunt
Episcopus Agrigetinus vl'
Agrigetinen.
Episcopus Mazaren.
Episcopus Misenitanus.

¶ Archi. montis rega-
lis habet duos suffraganeos

Epi. sancti Marci.
Epi. Miletien.

¶ Archie. Messanus /
vl' Messanen. hz duos suffraganeos qui sunt
Episcopus Syracusanus.
Epi. Cathanensis.

¶ In Sicilia papa
hz duos Episcopat⁹ scilicet
Episcopatum Cephaluden.
Episcopatum Pacen.

¶ In Calabria quat-
tuor Metropolles siue Archi
episcopi scilicet
Archiepiscopus Reginus siue Reginen.
Archiepiscopus Cusentin⁹
vel Cusentinen.
Archiepiscopus Rossanus
vel Rossanen.
Archieps sancti Seuerini.

¶ Reginensis archie-
piscopus nouem sub se habet
episcopos suffraganeos.
Episco. Cassanen.
Episco. Neucastien.
Episco. Cachacen.
Episco. Crothomen.
Episco. Tropien.
Episco. Opinen.
Epi. Gratinen. vel Giracen.
Episco. Lucien.
Episco. Squillacen.

¶ Archieps Cusenti-
nus vnum habz suffraganeũ
Episco. Marcuranen.

¶ Archieps Rossan⁹ nullum habet suffraganeum. Rusiginaneñ. epat⁹ do. pape.

¶ Archieps sācti Seuerini quinq̄ habet suffrga.
Episco. Ebriaceñ. vel Umbraticeñ.
Episco. Stranguleñ. vel Sciomeñ.
Episco. Senea castreñ.
Episco. Serentineñ.
Episco. sancti Leonis

¶ In Apulia quindecim metropol.
Archie. Consan⁹ v’ Casoneñ
Archiepiscopus Acherontinus vel Aggerentineñ
Archiepiscopus Larētiuus vel Larentineñ.
Archieps Matieñ.
Archieps Brundueñ.
Archiepiscopus Idrontineñ
Archiepiscopus Barensis
Archiepiscopus Trauens
Archiepiscopus Sipontinus vel Sipontinens
Archicpiscop⁹ Beneuētan⁹.
Archiepiscopus Saleritan⁹ vel Salarimensis
Archiepiscopus Amphitan⁹ vel Amphitanensis.
Archiepiscopus Surrentan⁹ vel Surrentinus
Archiepiscop⁹ Neapolitan⁹
Archiepiscopus Capuanus

¶ Consanus Archie. quattuor habet suffraganeos episcopos. qui sunt
Episcopus Moranensis
Episcopus Satrianensis
Episcopus Montis viridis vel Montis vidensis
Episcopus Laquidonensis

¶ Archi. Agerōtineñ. h̄z quinq̄ suffraganeos: q̄ sūt
Episcopus Potentinum vel Potentinensis
Episcopus Terraricensis
Episcopus Vetinemēsis vel Vienusinum
Episcopus Craninensis vel Gramineñ.
Episcopus Angloneñ.

¶ Archie. Tarentin⁹ habet duos suffraganeos
Episcopus Mutulensis
Episcopus Castellanum vel Castellaneñ.

¶ Archiepi. Matieñ. nullum habet suffraganeum

¶ Archi. Brundueñ. vnum habet suffraganeum Epm scilicet Eitineñ.

¶ Archi. Idrontinus quinq̄ habet suffraganeos
Epm Castreñ.
Episcopum Gallipoteñ.
Epi. Licieñ. seu Licineñ.
Epi. Ugentinū vel Hētineñ
Epi. Luceñ. seu Lucadeñ.

¶ Archie. Bareñ. xii. habet suffraganeos.

Nomina epatuum

Epi. Berontinū.
episc. Caelphetanū vel Adel-
phitanum
episco. Iuuenaceñ
epi. Rubētiuñ vel rubētineñ
epi. Sulpensem.
epi. Canuen. vel Caueneñ.
episco. Bitterrensis
epi. Conuersanum.
epi. Abenerumensis vel Abe-
rentinensis.
epi. Poligranensis
episco. Laterniensis
epi. Lauellinensis

¶ Archiep. traneñ. h3
duos suffraganeos
Episcop. Tigiliensis
Episco. Testanensis

¶ Archi. Sipontinꝰ
vnum habet suffraganeum
Episcopū Testanensem

¶ Isti epatus sunt do-
mini pape et exempti: scilicet
Episcopatus Troianensis
episco. Adelphiensis.
epi. Adonopolitanus vel me-
lopolitanus
epi. Rapollitaꝰ vel Rapolleñ

¶ In terra laboris.
¶ Archie. beneuētanꝰ
habet. xxiiii. suffraganeos.
Epis. Telestinensem vel Te-
besinensem.
epi. sancte agathe
epi. aliphienensem.
epis. Adontismaram
epi. Adontistorninensem.

Epi. auellinum
epi. Titanēsem vel Titanū
epi. aramenēse vel ariamensē
epi. Binanēsem vel Rocanē.
epi. astulenensē vel astulensē
epi. Literiensē vel lasinenseꝫ
epi. Tortibilē. vel Tetribileñ
epi. aracoreñ. vel Drachoneñ
epi. Tulturanensem
epi. alarinanen. vel alarinum
epi. Ciuitatenensem
epi. Termolenensem
epis. Fretētinen. l' Freqntinū
epi. Ternurineñ. l' Ternētinū
episco. Buniensem
epi. Tuardiensē vel Gadieñ
epi. Abusarnen. vl' Abusanē.
epi. Tutoleneñ.
Episco. sancte Adarie

Archieps Salarimē-
sis habet sex suffraganeos
Epi. Caputaquensem
epi. Polistratē. l' Policastrē.
epi. Ausquitanen.
epi. Tricanen. vel acernen.
epis. Sarnen.
episco Adēsaleñ. l' marsicen.
epi. Rauellen.   exemptꝰ

Archie. amphitaneñ.
habet quatuor suffraganeos
epi. Capritanē. vel Capcanū
epi. Scalen. vel Lamensem
epi. Abudrenen. vel minorē.
epi. Lateranen.

Archie. Suretinꝰ vel
Siteranus habet tres suffra-
Epis. Laꝛeneu vel Lobren.

Noia epatuum　　　　　Fueillet .xviii.

Epi. aquen. vel Seẽn l'vicẽ.
epi. Scabien. vel Srabien. vl'
Castrimaris

In terra laboris & nea-
poli.

Archie. Neapolitan9
habet quinq; suffraganeos
Epi auersanẽ.　　q̃ ẽ exẽpt9
epi. Nolanũ vel Nolanen.
epi. Puterlaneñ. l' puterlanũ
episco. Cumanum
episco. Isalanũ vel insulanẽ.
epis. aceranus in insula iuxta
Neapolim

¶ Arch. Capuan9 in
terra laboris h;. viii. suffrag.
Episco. Theanen.
epi. Caliden. vl' Caluen.
epi. Caliculen. vel Calinuen.
epi. Caleraten. vel casserten.
epis. Suessanum
epis. Tenetan. vl' Tenestan.
epi. aquitanen. vel aquinatẽ.
epis. Caiacien.
epis. Cassuen.　　q̃ ẽ exẽpt9

In apzucina marcita
na prouincia h; octo epatus:
quorũ tamẽ aliqui sunt cõiun
cti: τ Alexander papa. iiii. de
fratrũ suorũ cõsilio transtulit
Lurcruen. in aquilen.
epis. Furconen. nũc aquilen.
epi. Marsitonen. l' marsicanũ
epi. Valuen. et ciuitas vocat̃
Salturna
epi. Theaten. vel Theatinuz
epis. Pennensis

Episco. aduen.
Epi. aputinũ cuius ciuitas
vocatur Thenium

In tuscia et patrimo-
nio beati Petri
epi. Nepesinen. vl' Nepesin9
epis. Sutrinen. vel Sutrinus
episco. Ciuitaten
episco. Ortanus
episco. Clusinus
episco. Castellanus
epis. Tuscanen. vel Tuscan9
epi. Balneorgien.
epi. vrbanetañ. l' vrbanetan9
episco. Viterbiensis
epi. Lucanus
epis. Suanen.
epir. Castrenen. vel Castren.
epi. grossitanẽ. vel grossetan9
epi. Perusinen. vel Perusin9
epi. Ulteranen. vel vulteran9
epi. Senen.
epi. aretinen. vel aretinus
epi. Florẽtinen. vl' Florẽtin9
epi. Fesulanus
epi. Pistorien.
epi. Brinen.
episco. Cortonensis erectus
per Johannem. xxii. papam

In ducatu Spoleti.
epi. assisinas vel assismasten.
epis. Fulginas vel fulginen.
epi. Nucerinus
epi. Eugubinus
epi. Spoletanus
epi. Tudcitinus
epi. auilin9.　Epi. Narnieñ
E. ii.

Nomina epatuum

Episco. Interamnensis

In Marchia ãchonitana

Episco. anchonitansis
Episco. asculanus
Episco. Firmanus
Episco. Camerinensis
Episco. Fluximanus
Episco. humanas
Episco. Anchonitansis
Episco. axinus vel axinas
Episco. Senogaliensis
Episco. Fanensis
Episco. Pensauriensis
Episco. Forosmifomensis.
Episco. Callen.
Episc. Urbinas z. s. Leonis

In Romãdiola puincia.

Episco. Ariminen.
Epi. Feretran. vl' Feretran9
Episco. Maceranus oli Rachanaten.

In Tuscia corsica.

Archiepiscopus Pisan9 hz quincq suffraganeos
Episco. Massanum
epi. aiacesi.
Epi. Alanen. vel alariesi.
Episco. Segonen.
Episco. Ciuitaten.

In Janua metropol.

archieps Januen. habet septem suffraganeos
Episco Robien. vl' Robine.
epi. apmiace. vl' Brimiace.
epi. Merenen. vl' Maranes

Epi. Accien. vel Ampzans.
epi. Nubie. vel Nebien.
epi. Naulen.
epi. albiganen.

In Flaminea puicia

archieps Rauanen. hz qndecim epos suffraganeos
Epi. Theanen.
epi. adrien.
epi. Comaclen.
epi. Cermen.
epi. Foroliuien.
epi. Foropopule. vel. Liuie.
epi. Casanaten.
epi. Sarenie. vel Sassanatu
epi. Fauentinum
epi. Imolen.
epi. Mutinen.
epi. Bononien.
epi. Reginum
epi. Parmen.
epi. Barcinen.

Sub archiepatu Mediolanensi.

archie. Mediolanen. habet xviii. epos suffraganeos quorum duo sunt exepti scz episc.
Papien. z. Ferrarien.
Epi. Pergamen.
epi. Brixien.
episco. Cremonen.
episco. Lauden.
episco. Nouarien.
episco. Uersellen.
episco. Ipozien.
episco. Taurinen.
episco. asten.

In Sclauonia. Feuillet.xix.

episco. Aquen.
episco. Alben.
episco. Terdonen.
episco. Saonen.
episco. Albiganen.
episco. Vintimilien.
episco. Placentinum
episco. Papien.   exēptꝰ
episco. Ferrarien.   exēptꝰ
Patriarchatꝰ aꝗlegē.
hz qnꝗ episcopos suffraga.
epi. Aquilegen.
episco. Mantuanum
episco. Lumanum
episco. Tridentinum
episco. Veronen.
❡ Archiepi. Paduañ
habet xiii suffraganeos
episco. Vincentinum
episco. Teruisinum
episco. Concorden.
episco. Teneten.
episco. Feltren.   Exēpt.
episco. Bellunen.   Exēp.
epi. Polanen. vel Polen.
episco. Parentinum
epi. Triestriniū vl' Teriestrin.
epi. Comaden. vel Peten.
epi. Capitis Istris vl' Istino
politanum.
epi. Maierien.
epi. Ciuitatꝭ noue vl' Emonē
❡ Patriarchatus gra
deusis habet septem suffraga
neos.
epi. Castellanū als Venetiañ
epi. Torsellanum

epi Equillen. vel Eusulen.
epi. Capzulen.
epi. Elugien.
episco. Ciuitatis noue
  ❡ In Sclauonnia.
❡ Archieps Iadren.
habet quattuor suffraganeos
episco. Eusaren.
episco. Velglen. vl' Velglon.
epi. Arben. vel Arbenen.
epi. Sigien.
❡ Archie. Spalaten.
habet nouem suffraganeos.
epi. Tragurien.
epi. Toymen.
epi. Scadonen.
epi. Temen.
epi. Nonen.
epi. Almisien.
epi. Sibenicen.
epi. Faren.
epi. Corbanen.
❡ Archie. ragusis hz
septem suffraganeos.
epi. Staguen.
epi. Rossenen. vl' Bossonen.
epi. Tribunen.
epi. Carthenen.
epi. Bacen.
epi. Rossen.   cōiuncti
epi. Biduanen.
❡ Archi. Antibaren.
vel Arturianus hz. vii. suffr.
epi. Dulemen.
epi. Drinasten.
epi. Polasten.
epi. Scodrien.

Nomina epatuum

Epi. Arbanen̄.
epi. Sardeñ
epi. Scutareñ. al's arutareñ.

¶ In regno hūgarie
¶ Archie. vnicus scil3
Strigonieñ. h3 quattuor suf.
epi. Tvisemburgeñ.
epi. Sirimieñ.
epi. Bosneñ.
epi. Quinq̃ ecclesiarum
¶ Archieps Coloceñ.
hab3 quattuor suffraganeos
epi. Ultra siluanum
epi. Zalgabriensis
epi. Uaradiensis
epi. Genadiensis

¶ In regno Polonie
¶ Archiepi. Guerzeñ.
habet octo suffraganeos
epis. Uvraciansliensis
epi. Cruaniensis   exēpt.
epi. Ploceñ.
epi. Craconiceñ.
epi. Poznaniensis
epi. Mazoniensis
epi. Pamoranie. al's vvaldis
epi. Laniensis

¶ In alemania sunt
septem metropoles: scilicet
Archieps Maguntinus
archiepisco. Coloniensis
archiepisco. Bremensis
archiepisco. Madeburgen.
archiepisco. Salzeburgensis
archiepisco. Treuerensis
archiepisco. Rigensis
¶ Archie. Magunti=
nensis h3 quattuordeci suff.
Episco. Prageñ. caput regni
Boemiæ
epi. Moraniē. vel Clonioce.
epi. Eystetensis
epi. Herbipolensis
epi. Constanciensis
epi. Luriensis
epi. Argentinensis
epi. Spirensis
epi. Uvormacensis
epi. Uerdensis
epi. Halberstadensis
epi. Padeburnensis
epi. Banibergeñ.   exēpt.
epi. Augustensis
¶ Archie. Coloniēsis
habet quinq̃ epos suffrage.
Epi. Leodiensis
epi. Traiectensis
epi. Monasteriensis
epi. Mindensis
epi. Osnaburgēsis vel Osen
burgensis
¶ Archiu. Bremensis
habet quinq̃ suffraganeos
epi. Barduicē. nūc destruc.
epi. Radeburgē. l' Lōvernie.
epi. Lubicensis
epi. zvvernieñ. l' Michilibur
gensis
episco. Ardrincensis
¶ In liuonia.
Archieps Rigeñ. habet tres
episcopos suffraganeos
Epi. Osiliensis
epi. Trabatensis
epi. Luroniensis

Nota epatuum Feuillet .xx.

¶ In insula sctē marie
in Prussia sunt sex epatus
Epi. Lithoniensis
epi. zimatrensis
hos duos occupant infideles
epi. Uvarinuensis
epi. Pomezaniensis
epi. Sambiensis
epi. Culnien. als Curlaudē.

¶ Archi. madeburgē-
sis habet quinq; suffraganeos
Epi haluelbergensis
epi. Brangdeburgensis
epis. Misuen. vel Misenum
episco. Merseburgensis
epi. Citenium vel Mil ven-
burgensis

¶ Archie. Salzebur-
gensis habet octo suffragañ.
Episco. Pathauiensis
episco. Ratisponensis
epi. Frisugen. vel Fringen.
episco. Turcensis
epi. Brixinensis
epi. Sequilven.
epi. kitinen. de nouo creat.
epi. Chiemien.
episco. Laurendinensis vel
Lauentus

¶ Archi. Treuerēsis
habet tres suffraganeos
Episco. Mettensem
episco. Tullensem
episco. Verdunensem

¶ In burgundia Sa-
baudia/ et prouincia/ et Del-
phinatu: sunt septē metropol.
Archi. Tarentasiensis
Archi. Bisuntinensis
Archi. Ebredunensis
archi. aquen.
arcrchi. arlelatensis
archi. auinionensis
archi. Uiennensis

Archiep. tarētasiensis
habet duos suffraganeos.
Episco. Sedunen.
episco. augusten. vl' augustiē.

¶ In Burgundia
Archie. bisuntinus hz
tres suffraganeos
Episco. Basiliensis
epi. Lausanensis
episco. Bellicensis
In prouincia. iiii. sunt
metropoles.

Archie. Ebredunē. hz
sex suffraganeos Embrū
epi. Dignensis Digne
epi. Niciensis Nice
epi. Grassensis
epi. Glaudatensis
epi. Senetē. vel antipolitañ.
epi. Uentien.

Archi. aquen. ais.
habet quinq; suffraganeos
Epi. apten.
Epi. Regensis
episco. Foroiuliensis
episco. Uapincen. als Gabi
censis
epi. Cistaricē. l' Listuriensis.

Nomina epatuum

Archi. Arelaten. hab3
quattuor suffraganeos
epi. Massilien. Massaille
epi. auraycen. aurenge
epi. Triscatrinen. terrascon
epi. Tholonen. tholouse

Archieps auinionen.
habet tres suffraganeos
epi. Carpatoracen.
epi. Vasionen.
epi. Cauallicen.

In delphinatu.

Archieps Viennen. habet
sex suffraganeos
epi. Valentinen. Valence.
epi. Dien. dies
epi. Viuarien.
epi. Gracionopolitanū
epi. Gebenen.
epi. Maurianien.

In francia et aliis do
miniis pter iamdicta: sūt sex
metropol.
Archiepi. lugdu.
Archiepi. Senonen.
Archiepi. Remen.
Archiepi. Rotomagen.
Archiepi. Bituricen.
Archiepi. Burdegalen.

Gallicarum primas

Archiepi. lugdu. hab3
quattuor suffra.
epi. Eduen. Austun
Epi. Matisconen. Mascon
epi. Cabilonen. Chalon
epi. Lingonen. Langres dux
et par Francie

Archiepi. Senonen.
habet septem suffraga.
epi. Parisien. paris
epi. Carnoten. chartres
epi. Aurelia. orleans
epi. Niuernen. neuers
epi. Antissiodoren. aucerre
epi. Trecen. troies
epi. Melden meaulx

Archiepi. Remen. qui
est dux et par frācie habet vn
decim suffraganeos
epi. Suessionen. soessons
epi. Cathalanen. chalōs
comes et par francie.
epi. Cameracen. cambrai
epi. Tornacen. tournay
epi. Morinen. theroenne
epi. Atrebaten. arras
epi. Ambianen. amyēs
epi. Nouiomen. Noyon. co-
mes et par francie
epi. Siluanecten. senlis
epi. Beluacen. beauuoys. comes et par francie.
epi. Laudugnen. Laon dux
et par francie.

In normania.

Arch. Rothomagē
cis habet sex suffraganeos.
epi. Baiocen. baieux
epi. Abrincen. auraches
epi. Ebroicen. eureux
epi. Sagien. sees
epi. Lexouien. lisieux

Nois epatuum   Fueillet. xxi.

Epi. Constancien. Costaces
Archi. turonen. habet vndecim suffraganeos q̃ sũt
Epi. Cenomanũ Le mans
epi. Andegauensem angiers

In britania minori
Epi. Briocen.   s. Brieu
epi. Maclouien.   s. Malo
epi. Dolensis   Dol
epi. Redonensis   Renes
epi. Manectensis   Nātes
epi. Crisopitensis Cornoalle
epi. Venetensis   Vēnes
epi. Leonensis   Leon
epi. Trecorensis   Triguier

In oucatu Aqtanie
Archiepi. bituricensis habet vndecim suffraganeos
Epi. Claromõten. Clermõt
epi. Ruthenen.   Roddes
epi. Lemouicen.   Limoges
epi. Mimaten.   Mende
epi. Albiensis   Alby
epi. Caturcensis   Cahors
epi. Castrensis   Castres
epi. Vabrensis   Vabre
epi. Tutellensis   Tulles
epi. Sancti Flori   s. Flour
epi. Anicien. ex ēpt. Le puy

Archie. tolosanus habet septem suffraganeos
epi. Appamicen. Pamyers
epi. Mirapiren. Mirepoix
epi. Mõtisalbani. mõtaubā
epi. Vauren. La vaur
epi. Riuen.   Rieux
epi. Lombariensis Lõbers

epi scti Papuli.   s. Papoul
de nouo creati per Johā xxii.

Archie. burdegalen. hz
nouem suffraganeos: q̃ sunt:
epi. Pictauen.   Poictiers
epi. Xantonensis xainctes
epi. Engolismē. Engolesme
epi. Petragoricē. Perigueux
epi. Agenensis   Agen
epi. Condoriensis Condon
epi. Maleacensis Malezais
epi Lucionensis   Lucon
epi. Sarlatensis.   Sarlart

In vasconia sũt. xii
metropol. scz. Archi. auritañ q̃ hz decem suffraga. qui sunt
Epi Aquensis   Aes
epi. Lectorensis   Lectore
epi. Cõmenarũ   Commige
epi. Cõseranensis Cõserans
epi. Tarbiensis   Tarbe.
epi. Olorensis   Loron
epi Vasatensis   Basas
epi. Baionensis   Baionne
epi. Lascuriensis Lescure
epi. Adurensis   ayre

Archi. nerbonen. Ner
bonne. habet dece suffragañ
epi. Carcassonen. Carcassone
Bictorrensis   Besiers
epi. agaten.   agde
epi. Lodouen.   Lodeue
epis. Sãcti pontii Comeriax
epi. Electen.   Alect
epi. Nemāsen.   Nymes
epi. Magalonen. Maglone
epi. Uticen.   Uses

f

episco. Eloiceñ. vel Elueneñ.
In Hispania sunt septem metropoles scilicet
Archi. Terrasconeñ.
Archi. Cesaraugusten.
Archi. Toletanus
Archie. Compostellanus.
Archie. Brachareñ.
Archie. Ulixiponensis
Archi. Granatensis
In regno Aragonum.
Archi. Terraconensis habet octo suffraganeos qui sunt
Epi. Barchinonensis
epi. Gerundensis
epi. Uicensis
epi. Ilerdensis
epi. Urgellensis
epi Dertoseñ.
epi. Ualentinensis
epi. Maioricensis   exēpt.
Archi. cesaraugusteñ.
habet quinq; suffra: qui sunt
Epi. Oscensis
epi. Tirosonensis
epi. Pompeloneñ. caput regni Nauarre
epi. Calaguritanensis
epi. Sohobricensis
In regno castelle et legionis
Archi. Toletan9 hz. vii. suffr.
epi. Segūtinū vel Secōtineñ
epi. Oxoniensem
epi. Burgensem.
epi. Palentinēsem

epi. Segouieñ.
epi. Conchenensem
epi. Caraginēsem   exēpt.
Archi. cōpostellañ.
habet decē suffraga. qui sunt
Epi. Abulensis
epi. Placentinensis
epi. Salmātic9
epi. Cordubensis
epi. Lauriensis
epi. Legionēsis scilz legiōis ciuitatē q̄ ē caput regni exēp.
epi. Malachitanum
epi Carthaginensis
epi. Gadicensis
epi. Eluensis
In regno Portugalie.
archi. Brachare. hz. viii. suff.
epi. Portuga. caput reg exē.
epi. Colūbrie. v.l Colibrie.
epi. Ulisensem
epi. auriensem
epi. Tudensem
epi. Lucensem
episco. astoricensem
epi. Mindoniensem
Epi. Ulixponeñ. de nouo erectuz in archiepiscopum
Archiepi. Ulixponeñ.
habet tres suffraganeos
Epi. Giennensem
Epi. Siluensem
epi. Gadicensem
In regno Granate oli
fuērt tres epi sub vno arch. e. q̄ diu ab iñolib9 fuit occupa

tus/ et de nouo p̄ Christianos recuperatū et ad p̄scū christianitatis ritum reductum

Archie. Granat ēn.
habet tres episcopos suffrag.
Epi. Rondensem
epi. Malachitanensem
epi. Almericensem

In regno anglie sūt duo archiep̄i sc; archie. Cantuariēn. archie. Eboracen.

Archie. Eboracēn. hz in vvallia tres suffraganeos
Epi. Carolensem
epi. Dunelinensem
epi. Candide case

Archi. canthuariēn
habet. xx. ep̄os suffraganeos
Epi. Londoniensem
epi. Roffensem
epi. Licestrensem
epi. Oxonien
epi. Assariensem
epi. Baroniensem
epi. Uellēn.
epi. Manieriensem
epi. vvigorniensem
epi. Heliēn.
epi. Conuentrēn.
epi. Licolfeldensem
epi. Linconiensem
epi. Norvvicēn.
epi. Laudanēn.
epi. Bangorensem
epi. Uinctoniensem
epi. Batoniensem

Epi. Serasbirensem
epi. Erfordensem
epi. Astoriensem

In regno Scotie
Archi. s. andree hz. xii. episcopos suffraganeos
Epi. Glasnensem
epi. Elgadiensem
epi. Candide case
epi. Cathanensem
epi. abredonensem   exēpt.
epi. Dumblanēn.   Uacat
epi. Bichinensem
epi. Murenensem
epi. Rossensem
epi. Dunkeldensem   exēpt.
epi. Glalvvidiensem   exēp.
epi. Uismorēn.   vacat

In regno hibernie sūt quattuor metropol. siue quattuor archiō. arch. armachan⁹
archi. dublinēn. vel dublanc.
archi. Cassellēn. vel cassanēn.
archi Tuaniēn.

Archi. Armachanus
habet. xv. suffragañ. qui sunt
Epi. Dundelegalensis
epi. Lugundinen.
epi. Midensis
epi. Cormarensis
epi. archadensis
epi Bachabonensis
epi. Batlaguriensis
epi. Dauligiriarēn.
epi. Darcihiēn. epi. Cluanēn.
epi. Dondalerhglas
epi. Lumidunensis

Epi. Tubernensem
epi. Cluenaria
epi. Drumorensem
Archiepi. Dublanen.
habet quinq; suffraganeos
Epi. Glendonatensem
epi. Fernensem
epi. Ossoriensem De tamur
epi Leglinensem
epi. kildaren. vel Darensem.
Archiepis. Cassellen.
habet duodeci suffraganeos
epi. Leonie. vel Linirien.
epi. Finabarensem
epi. De insula Gathai
epi. Otrexus
epi. Inulicensem
epi. Rossen.
epi. Uvatrasorden.
epi. Limorensem
epi Clonensem
epi. De rosaplichir
epi. lumbricensem
¶ Archieps tuanien.
epi. Duacen.
epi. De mageyo
epi. Guachonnen.
epi. De Roscomon
epi. De Colam
epi. Achaden.
epi. Alachden.
epi. De Celumunduach
epi. Elfinen.
epi. Clonsorten.
In regno Dacie vnus
est archiepiscopus scilicz Lon-
den. primas en ecie: qui habet octo suffraganeos
epi. Rostrilden.
epi. Othonien.
epi. Sestlevvicen.
epi. Ripen.
epi. Raualien.
epi. Uvibergen.
epi Arusien.
epi. Burglanen.
In regno Noruegie
Archiepiscopus Nidrosien.
habet tresdecim suffraga.
epi. Bergen.
epi. Stanangien.
epi. Hameren.
epi. Asloen.
epi. Horiaden.
epi. Pharen.
epi. Sodren.
epi. Grenloadion
epi. Faensem.
epi. Scaloren.
epi. Olensen.
epi. Granden.
epi. Hellanden.
¶ In regno Suecie
Archi. Upsalen. hz vii. suffr.
epi. Scaren.
epi. Lincopensem
epi. Srevvinensem
epi. A guriensem
epi. aloensem
epi. Uaxionensem
epi. abolensem
In regno Sardinie

Nota ep̃atuum   Feuillet. xxiii.

sunt tres metropol. scilicet
archi. Calaritan⁹ vel Calen̄.
archi. arbanen. vel arboren.
archi. Tucatan⁹ vel turtican̄.
¶ Archi. calaritan̄. hz
tres suffraganeos.
Epi. Sulcie̅. vel Sulcitanen.
epi. Dolen. vel Doliensem
epi. Suellensem
¶ Archie. tucatan̄. hz
septem suffraganeos
Epi. Sorensem
epi. Plonacensem
epi. ampuciensem
epi. Bifrarclensem
epi. Castrensem
epi. Othanensem
epi. Rosanum
Archiepis. arboren̄. hz
quinq; suffraganeos
Epi. Vlelensem
epi. Sanctum Justum
epi. Terre albe
epi. Ciuitaten̄.   exēpt.
epi. Saltellinensem
Ultra mare mediter=
raneum.
Patriarchatus hiero=
solimitanus habet quattuor
metropoles cum patriarcha=
tu qui sunt
Archiepi. Tironen.
Archiepi. Cesarien.
Archi. Nazareth
Archi. Patracen.
Patriarchatus hiero=

sol. habet sub se quattuor epi
scopos immediate suffra.
epi. Ebronen.
epi. Liden.
epi. Ascalonen.
epi. Bethlemitensem.
¶ Archi. Tiren̄. habz
quattuor episcopos suffraga.
Epi. achoniensem
epi. Sidoniensem
epi. Bericensem
epi. Pencen. vel paneaden.
Archiepis. Nazareth
habet vnicum ep̃m suffraga.
Epi. Tyberiaden.
Archiepisco. cesarien̄.
cuius sedes est i Samaria,vni
cum habet suffraganeum scz
Epi. Sebasten.
¶ Archie. Patracen̄.
nullum habet suffrag.
In patriarchatu an-
tiochie aliqn̄ fueru̅t cētu̅ qui
quagita tres cathedrales ec=
clesie hz illō euāgelii Repletū
est rethe magnis piscib⁹ cētu̅
quinquaginta trib⁹: nūc vero
paucas hz. Sibi tn̄ dn̄r imedi
ate suffragari quiq; ep̃i scilicz
Epi. Gabulen.
epi. Laudicen.
epi. antendensis
epi. Tripolitanus
epi. Biblien. qui dicit̃ Gibe-
lec: habet etiam archiep̃os
multos scz

F. iii.

In minori armenia
Archi. Edespen.
Archi. Larcen.
Archi. Edissenen.
Archi. Appharien.
Archi. Lulpen. vel Lubipẽ.
Archi. Lonzen
Archi. manustren.
Archi. Larisenũ.
Archi. Thebarum que dicit̃ heliosolitan̄.
Archi. Adessenũ.
Archi. Margacen.
Archi. Sitopolitan̄.

¶ Archie. Apparie. h3 vnum suffraganeum
Epi. Lalanien. Alii vero ppter infidelium incursus carent episcopis

¶ In insula Cipri
Archie. Nicosien. qui h3 tres episcopos suffra.
Epi. Paphen.
Epi. Minocien. vl' Limosten
Epi. Famagustanum

Iuxta traditiones antiquoꝝ ꝛ etiã quedã scripta q̃ auctoritatẽ habent non modicã apud Palatinos: ꝛ maxime Grecos hierosolimitana ecclesia vsq̃ ad tẽpora dn̄i Justiniani Augusti epm habuit nulla vel modica dignitatis progatiua gaudentẽ. Tẽpore vero predicti dilectissimi dei principis cõgregata est synodus apud Lõstãtinopolim tẽpore dn̄i vigilii pape anno salutis cinq centz. xxxviii. contra Theodorũ ꝛ antimũ epos hereticos ꝛ scismaticos ibiq̃ prefuerũt eutices Lõstãtinopolitanus/ apolinaris/ alexãdrinus/ Dompnus antiochenus et Eustachius Antiochenus patriarche in qua Sinodo post multas institutiones ecclesie dei necessarias ordiatum est etiã auctoritate patrũ qui ad eam venerant: qm̃ ecclesia hierosolimitana ꝛ ciuitas quasi in limite alexandrini ꝛ antiocheni patriarcharũ esset situata: nec haberent vn de illi vrbes ordinarent suffraganeas nisi vtriq̃ patriarche aliquid detraherent visum est tunc expedire aliquid abvtro q̃ decerpere: vt eidem iuxta formã alioꝝ patriarcharũ ordinarent subiectas ecclesias subtraxerũt ergo patriarche antiocheno. archi. Lesariesi. et archi. Spolitanum. Et ab alexandrino patriarcha subtraxerunt Raquiben̄. vel Raben̄. q̃ dicit̃ hodie Petracen̄. Retroen̄. vl' Reteren̄. ybi nõ

est hodie archi. metropol'.
Et qm iterū oportebat eūdē hierosolimitanū patriarchaz ħre preter supradictos metropolitaneos familiares suffraganeos (quos Greci ancillas vocant) subtraxerunt quosdē Metropolitan̄. quosdā epos et quosdā de nouo creauerūt vsq̃ ad vigintiquinq̃ quorū vrbiū numer⁹ et nomina subiunguntur. Est enim ordo talis.

¶ In Palestina prima sedes Cesarea maritima que est Palestina quam reedificauit herodes: τ sub hac sūt xviii. epi.
Epi. Dora que etiā Somāti pandida dicitur
epi. Jamas.i. Arsiñ.
epi. Nicopolis
epi. Onus
epi. Sorucis
epi. Rasias al's Ralias
epi. Regun Apathos
epi. Regun Huasyl'homas
epi. Regun Jerico
epi. Regun Gradaron
epi. Azotus Paralios
epi. Azotus ripu.
epi. Estomazar
epi. Eselion
epi. Tricomas
epi. Torus
epi. Scalem
epi. Conltentimachis

¶ In Galilea secunda sedes Scitopolis vel Satropolis: sed hodie translata est ad Nazareth ob veneratione dominice annunciationis beate Marie virginis.
Et sub hac sunt episcopatus nouem.

¶ Episco. Capitaliados vel Capicoliados.
Episco. Miru
Episco. Gederum vel Gaderum.
Episc. Pelon vel Populen.
Epi. yppus Teracomias
epi. Elnuangaulanis
epi. Tyberiadis
epi. Lomanas

¶ In Arabia moabitis.
Tertia sedes petra deserti vocata Patreñ.
Sub hac sunt episcoptus vndecim.

¶ Episco. Angustopolis.
Episco. Arindilia
Episco. Jerapolis
Episco. Barach
Episco. Elucis
Episco. Pentacomias
Episco Microcomias
Episco. Saltum
Epi. Serraticon
Episco. Lorannossam
Episco. Manasso

Nomina episcopatuum

Quarta sedes Roth terra Arabie catholicorum. Et sub hac sunt Epatus. xxxv.
- epi. Adiasson
- epi. Dias
- epi. Medanon
- epi. Jerasson
- epi. Mem
- epi. Philadelphias
- epi. Jerapolis
- epi. Mepolis
- epi. Essus
- epi. Filopolis
- epi. Flenustus
- epi. Constantianus
- epi. Dionysias
- epi. Comisatiochas
- epi. Pentacomias
- epi. Canophados
- epi. Tritomias
- epi. Saltum
- epi. Tocaneos
- epi. Enatomias
- epi. Comegeros
- epi. Couesina deicon
- epis. Comiscaricom
- epi. Comisniluanos
- epi. Comispetas
- epi. Comispotis
- epi. Comispnaicon
- epi. Comissaricon
- epi. Climarimacolis
- epi. Comismaconos
- epi. Eracomias
- epi. Comogenias
- epi. Comostanis
- epi. Conureatas
- epi. Comisuescanos

In Lidia seu Capadocia que hodie dicitur sanctus Georgius.
- epi. Joppe
- epi. Jaffe
- epi. Ascalon
- edi. Memias
- epi. Neapolis
- epi. Jericunthis
- episco. tyberiadis q̃ ẽ diocesanus.
- epi. Sebaste
- epi. Bersabee
- epi. Neapoliscon
- epi. Ebron qui est exemptus.
- epi. Tabor
- epi. Legionum
- epi. Capitholinus
- epi. Mauron

In Nazareth in qua ẽ hodie archiepiscopus Tabor vbi transfiguratus est Christus

In petra caracha.
- epi. Hadraga
- epi. Helenopolis
- epi. Affra
- epi. Helispharam

In monte Synay
In pede montis abbatia sancti Basilii
Episcopatus in vertice

Patriarchat' anthiochenus sic ordinatur sub apostolica sede Catholici Metropolitan. Archiepi et epi Catholic' ÿrapol. q̃ boldoch als Baldach

Catholicus qui est persidis.

Prima sedes secunde ordinationis sub qua sunt epatus xiii.
Episco. Porphiriensis
episco. Plomaidis
episco. Sidon
episco. Sarepta
eprsco. Biblion
episco. Berion
episco. Orcasia
epsco. Aracchis
episco. Strathi
episco. Gibeleth
episco. Plomaidis
episco. Anchorados
episco. Tortosa

Secunda sedes Tarsus sub qua quinq; epatus
Episco. Sebasten.
epi. Abollos vel Ballos
episco. Tyria
episco. Loricos
episco. Poderacos

Tertia sedes Edissa sub qua x. episcopatus
Epi. Treroim vel Trich
episco. Constantia
episco. Garion
episco. Matropol.
epi. Tachaon vel Tatuon
epi. Cedinaron
epi. Ymeria
epi. Quequentia
episco. Trapsaron
episco. Lallimicos

Quarta sedes Appa-
nia sub qua. v. episcopatus
Episco. Epyphania
episco. Lanissa
epi. Raphanam
episco. Talanea
episco. Arethusa

Quinta sedes Jerapolis dicta sub qua epat⁹ octo
Episco. Fenina
episco. Siron
Episco. Tarnallis
epi. Neofemea
episco. Peray
epi. Ercimon vel Arcimon
epi. Balichi vel Alichi
epi. Surope vel Europi

Sexta sedes dicta Rostra et Buselech sub qua episcopatus. xviii.
Epi. Genison vel Gerason
epi. Philadelphia
epi. Adraon vel Adracon
epi. Midaon vel Midacon
epi. Aristadon vel Austadon
epi. Zeroyma vel Ceromia
epi. Hetri vel Herri
epi. Leru
epi. Philopolis
epi. Dionysias
epi. Nerlon
epi. Lorea
epi. Constancias
epi. Conatoy
epi. Parambolu
epi. Marmiopolis
epi. Chrisopolis
epi. Eustrum

¶ In armenia. Se-
ptima sedes Anariauz sub
qua epatus.ix.
Episco. Epyphanna
episco. Roseus vel Rosses
episco. Alexandros
episco. Iruozpolis
epi. Caprisopolis vel Cabu
sopolis.
episco. Flamas
episco. Castanelli
episco. Egnas
episco. Sisia
¶ Octaua sedes i par
ua Anchia Selentia sub qua
xxiiii. suffraganī.
Episco. Claudiopolis
episco. Diocesarea
episco. Oropi vel Aropi
episco. Dalixandos
episco. Senila
opisco. kelenideris
episco. Anepion
episc. Sicopolis vel Titopol
episco. Lamos
episco. Lustra
episco. Junopolis
episco. Nephelia
epi. Philaldelphia parua
epi. Germanicopolis
episco. Abiloy
epi. Dromecropolis
episco. Zinopolis
episco. Adrason
episco. Abiloy
episco. Ebidi
episco. Abillos

Episco. Neapolis
episco. yocar
pisco. Mobda

In Suria. Nona se-
des. Damascus sub qua sūt
xi. suffragañ.
Episco. Pompon
episco. Laodacia
epi. karochea
episco. Danabi
episco. Suraquera
episco. haram
episco. kouc
Episco. Euria
epi. Loya
epi. Jaburda
episco. Albi

In burgaria sūt tres
metropoles
Archi. Tornalneñ. vel Ther
monieñ.
Archi. Velesbudieñ.
Archi. Prostanieñ.
Archiep. Tornalneñ.
primas totius Burgarie
Archie. Velesbudieñ.
nullum habet suffraganeum
Archie. Prostanieñ.
habet quinq; suffraganeos
Episco. Scopieñ.
episco. Purieñ.
episco. Budieñ.
Epi. Lonicieñ.
epi. Bomizabuleñ.
In insula cipri solum

Nota episcopatuum   Fuellet. xxvi.

tenetur a Christianis
Archiepiscopatus Nicosien
sub quo quattuor sũt suffrag.
Episco. Palphen.
episco. Famagusten.
Episco. Anceraden.
episc. Limothonien. vel Mi
mocen.

In Romania siue cõstantinopoli

Patriarcha cõstantinopolitanus hz imediate sub
se suffraganeos epos sex: et
archiepos plres infra scriptos.
Episco. Solumbrien.
Episc. Macuren.
epi. Spigacen.
epi. Panacen.
epi. Derken.
epi. Calcedonen.

Archie. Jrachien. hz
epis. septem suffraganeos
Epis. Rodesconen.
episco. Peristanen.
epis. Chalipolen.
epi. Darien.
epis. Curlocen.
epi. Archadopolitan.
episco. Abismen.

Archi. Parien. habet
tres suffraganeos
Episco. Lapsacen.
episco. Lindinen.
epi. De Syllaria

Ultra brachium sancti Georgii.

Archi. Squisicen. nouem suffraganeos habet
Episco. Troianum
epi. Andrimitanum
episco. Lacorensem
episco. de Nicomedia
episco. de Candimonte
episco. Lupudien.
episco. de Epigonie
episco. de Palea
episco. Libarien.

Archieps Uarilien.
habet tres suffraganeos
Episco. Russionen.
episco. Apren.
episco. Rapsalen.

Archieps Madicen.
nullum habet suffraganeum

Archiepiscopus Adrinopolitanensis

Archi. tiranopolitan
habet suffraganeum
Episco. Amen.

Archieps. Matren.
habet suffraganeum
epi. Abaranien.

Archieps Neapoten.
Episco. Lanaten. vel Lanacensis.

Archiepiscopus Melsipolitanensis
Epi. Xanociensis.   suffra:

Archiepiscopus Philippensis habet tres suffraganeos.

G.ii.

Nomina epatuum

Eps. Christopolitañ.
epi. Dragmeñ.
epi. Crispolitañ.

¶ Archiepiscop9 Ser
reñ. nullum hz suffraganeum.

¶ Archiepiscop9 tessa
lonicensis hz. ii. suffraganeos
Epi. Litreñ.
epi. Veriñ. vel Vorieñ.

¶ Archiepiscopus La
rissenus habet. vi. suffragañ.
Epi. Dimitrieñ.
epi. Almyreñ.
epi. Lardiceñ.
epi. Hazaroceñ
epi. Sidonieñ.
epi. Dimiceñ.

¶ Archieps Athenieñ.
hz octo suffraganeos q sunt
Epi. Termopilensis
epi. Damaliensis
epi. Salonensis
epi. Higripotensis
epi. Abolenensis
epi. Roanensis
epi. Abagarensis
epi. Eganiēsis vel Egutineñ

¶ Archieps theban9
habet duos suffraganeos
epi. Laroconieñ.
epi. Lastoriensem

¶ In puinciis achaie
Archieps Corinthiēsis habz
duos suffraganeos qui sunt
Epi. Arganiensis
epi. Argolicensis

¶ Archieps Patrack,
habet octo suffraganeos
Epi. Oloneñ.
epi. Abetonensem
epi. Loronensem
epi. Anuchensem
epi. Andreuillensem
epi. Gephaludensem
epi. Jacintensem
epi. Lateñ. vel lacedemoneñ.

¶ Archieps Corsieñ.
¶ Archieps Duracensis
¶ Archieps Lolossensis qui
dicitur Rhod9 nullos habēt
suffraganeos.

¶ In insula Crete
¶ Archi. Cretensis habet vn
decim suffraganeos
Epi. kironen. vel karonen.
epi. Archadiensem
epi. Gerapetrensem
epi. Saciensem
epi. Laucicensem
epi. kirochorriacieñ.
epi. agiensem
epi. Caloniensem
epi. Lassaniensem
epi. Abilopolitaniensem
epi. Ariensem

¶ Archi. Atrideñ. hz
quattuor suffraganeos
Epi. Laseñ.
Epi. Scopulen.
epi. Rapronen.
epi. Abargaricen.

¶ Archieps cambaliē

Cps quo tenent̄ solui tributa Ro. eccle.

sis in dominio Tartarorū p̄ do. Clementē papā qntū creatus. Nam ipse Clemēs papa quintus primo fecit quendā fratrē vocatū fratrē Johānem de monte ordinis minorū archiep̄m Cābaliēn. i partibus orīetalibus et fecit consecrari in curia octo fratres eiusdē ordinis i ep̄os quos misit ad ptes illas suffraganeos in auxiliū ipsius archiep̄i: misit etiam illi de ipsa curia pallium et ordinatum est q̄ esset p̄ suis successoribus propter loci distantiam.

℃ Dn̄s Johānes papa .xxii. fecit similiter quendā de ordine predicatorū archiep̄m Soltaniēn. in partib⁹ Aquilonis et eodē misit septē fratres ipsius ordis suffraganeos quos fecit in curia consecrari in episcopos et p̄ se et successoribus pallium.

℃ Unde sciendum est q̄ non sunt plures patriarchales ecclesie archiepales seu episcopales nisi de nouo crearentur per sedem apostolicam.

℃ Insuper notandum est q̄ ex predictis patriarchatibus archiepiscopatibus et episcopatibus multi ab infidelibus occupātur ita q̄ non est tertia pars a christianis habitata.

E℃ est sciendum q̄ in primitiua ecclesia fuit ordinatum ⁊ institutū per do. papam de fratrum consilio quomodo deberet venire ad Romanam ecclesiā p̄ soluēdo tributo do. pape i recognitionē superioritatis: ⁊ hoc de exemptis intelligitur ep̄is, aut archiep̄is, ⁊ aliarū ecclesiarum prelatis, monasteriorū, ⁊ aliorū locorū religiosorū, siue domorū exemptarū scz in propria persona vel p̄ legitios procuratores Romanā curiā seu apostolorū Petri ⁊ Pauli limina visitare. ℃ Et sequit̄ modus quo tempore tenētur singuli Romane ecclesie tributū soluere.

Apuli — Singulis annis
Italici — Singulis annis quando curia est vltra mōtes quādo vero est citra: singulis bienniis.
Gallici
Prouinciales
Cathalani
Singulis bienniis quādo curia est vltra: quādo vero est citra singulis annis.
Teutonici
Hungari
Siculi
Singulis bienniis
Anglici
Hispani
Singulis trienniis
Vltra marini singulis quatridienniis.

Feuillet. xxvii.

Imperatores christianorum.
Imperator Romanorum
Impator Cōstantinopolitañ

Electores Romani
imperii qui fuerūt instituti p Gregoriū qntū: τ vt solidiori fūdamēto subsisteret sup quattuor colū:nas ordinauit pmanendū: scilicz quattuor duces quattuor marchiones: quattuor Lātgrauios. iiii. Burgauios quattuor comites quattuor Liberos/ quattuor milites ciuitates/ quattuor villas quattuor τ rusticos Sūt tamē tres episcopi

Spirituales super
hos principales scilicet
Eps Treueren.
Eps Colonien.
Eps Maguntinus

Seckares duces. iiii
Dux Sueuiæ
Dux Prawisweig.
Dux Palatinus Rheni
Dux Lothoringie

Marchiones. iiii.
Marchio Misuæ
Marchio Morauiæ
Marchio Paduæ
Marchio Brendemburg.

Lātgrauii quattuor
Lantg. Durgeñ.
Lantg. Hassiæ
Lantg. Leuchtēberg.
Lantg. Alsaciæ

Burgauii quattuor.
Burg. Merdeburg.
Burg. Nuruiburg.
Burg. Renedi
Burg. Sirusburg.

Comites quattuor.
Comes Smarttzburg.
Comes Klefen
Comes Ziliæ
Comes Sophei

Barones milites.
Miles Audelau
Miles Meldiugen.
Miles Strueudin
Miles Frauenberg.

Liberi quattuor.
Liber Limpergi
Liber Lusis
Liber Toesterburg.
Riber Aldēmaldem.

Rex autē Bohemiæ ad tollēdas electoruz discordias additur cum ipsis.

Martinus vero Jacobus
Bergomeñ. et Hertmannus Schedel i suis cronicis breuius et clarius ordinant ipsos electores septem solum nomināres: tres scz spirituales τ quattuor temporales dños et principes: distinguentesq̃ inter eorū officia vt tres primi sint cācellarii aliiscz quattuor alia (vt videbitur) assi̅gnant officia.

¶ Spirituales tres Archiepiscopi sunt:
¶ Archi. Maguntinus Germaniæ Cancellarius.
Archi. Treuerensis Galliæ Cancellarius.
Archi. Coloniensis Italie Cancellarius.

¶ Seculares principes quattuor.
¶ Marchio Brandeburgensis Camerarius.
Comes Palatinus dapifer.
Dux Saxonum ensis portitor.
Rex Bohemiæ: quem (vt diximus) his additum ferunt ad tollendas electorum discordias est picerna. De quibus quidam talia carmina scripserunt.
Maguntinensis/Treuerensis/Coloniensis
Quilibet imperii sit cancellarius horum.
Est Palatinus Dapifer/dux portitor ensis.
Marchio prepositus camere. Picerna bohemus.
Ihi statuunt dominum cunctis per secula summum.
¶ Hic ergo sic electus tunc Cesar et Rex Romanorum est appellatus: demum vero imperator z Augustº (si eum Ro. pontifex confirmat et coronat) habetur.

¶ Unde notandum est qʒ Romanus Impator tribus coronis debet coronari.
¶ Prima videlicet corona ferrea debet coronari per Archiepiscopuz Coloniñ. in ciuitate que dicitur Aquis Coloniēsis diocesis. Et ista corona significat potentiā et fortitudinē
¶ Secunda corona qua debet coronari est argentea que significat clarā z mundam in eo iusticiam. Et de ista coronatur per archiepiscopum Mediolaneñ. in ecclesia Modoeciēñ. Mediolaneñ. diocesis.
¶ Tertia corona est de auro purissimo: quod est omniuz metalorum preciosissimum: et significat maioritatem z eius excellentiam super omnes mortales in tuitione reipublice. Et ista corona debet coronari per summuz pontificem in ecclesia sancti Petri. Et sic hoc modo confirmatur: z imperatoris nomen acquiritur.

Nomina Regū ⁊ Regnoꝝ

⁋De regibus eñi chꝛistianis pauca dicendum est. Horum eñi: quidam coronandi: ⁊ quidam non. Illi autem qui sunt coronandi prius sūt inungendi: Et habent priuilegium ab antiquo.
Rex Hierosolymitañ. coꝛōatur et inungitur.
Rex Francorum coronatur ⁊ inungitur.
Rex Anglie coronat̄ ⁊ iungit̄
Omnes autem alii nec coronantur/nec inunguntur
Rex Castelle
Rex Legionis.
Rex Portugalie
Rex Aragonum
Rex Garnathe
Rex Nauarre.
Rex Maioricarum
Rex Dacie.
Rex Noruergie
Rex Suessie.
Rex Hibernie
Rex Scotie.
Rex Polonie
Rex Hungarie
Rex Boemie
Rex Armenie

⁋Nomina regnorum Paganorum aliqualiter nobis nota hec sunt:
Regnum Romeyoꝛum
Regnum Hungaroꝛum.
Regnum Cirane
Regnum Dalmacie.
Regnum Cerne
Regnum Lodomerie
Regnum Comame.
Regnum Hierosolymitanuꝫ
Regnum Armenie.
Multa alia ⁊ pene innumera restant: quoꝛuꝫ apud Christianos fere nulla est noticia.

⁋Laus deo.

Taxatio e p̄atuũ ꞇ alioꝛ bn̄ficioꝛ

⊕ Sequũtur noīa archiepiscopatuũ ꞇ epatuũ scd̄m alphabe.. ⟨f⟩inem in regno Francie et ei⁹ dominiis existentiũ: necnō oīm Abbatiarũ / Prioratuũ / ꞇ aliorum beneficiorum in eorum limitibus cōtentorum: cũ taxa eorũdez quæ (cũ ea vacasse contingit) apostolieæ sedi quandoq̄ reseruata / seu pro annata aut prouisione fuit soluta. Et primo incipiendo a prima littera vsq̄ ad nouissimam ꝑtrahũtur.

A

Auritanensis archiepiscopatus.

Auch꜀   Gallice.   x. M. Florenoꝝ
Abbatia bardonat orđ. cistercīē.   m. v. c. flo.
Pessano ordinis scti Bn̄dicti.   C. l. flo.
Symoria ordinis scti benedicti.   m. c. flo.
Gimontis ordinis Cistercien̄.   vi. c. flo.
Celle Medulphi ordinis sancti Benedicti.   l. flo.
Case dei ordinis Premon̄.   vi. c. xviii. flo. viii. gr̄.

⊕ Antissidoren̄. epat⁹   Auxoirre   gallice
iiii. M. iiii. C. flo.

Abbatia sancti Germani Antissiodoren̄. ordinis sancti Benedicti olim fuit taxata ad. m. flo. sed dn̄s papa Urban⁹ reduxit ad   v. c. flo.
Abbatia Ponticiniaci ordinis Cistercien̄.   m. c. flo.
Mariani ordinis Premonstracen̄.   ii. c. flo.

⊕ Andegauen̄. epat⁹   Angiers   gallice
M. vii. c. florenos

Abbatia sancti Albini Andegauen̄. or. s. be.   vii. c. l. flo.
Nicolai extra muros ordinis sancti Bened.   iiii. c. l. flo.
Sergii et Bachi ordinis scti Benedicti   v. c. l. flo.
Petri de Burgolio ordi. s. Benedicti   vi. c. lxx. flo.
Florentii prope Salmurũ ordinis. s. bened.   iiii. m. flo.
Mauri super ligerī ordinis sancti benedicti   c. l. flo.
Georgii super ligerī ordinis sancti august.   xxxvi. flo.
Marie Assueris bellay ordinis sancti benedicti.   c. flo.
Omnium sanctorum ordinis sancti augustini   xc. flo.
Marie de Ponte attroini ordinis Cistercien̄. exēpt⁹. c. flo.
Marie de Oratorio ordinis Cistercien̄.   ii. c. flo.

A

Taxatio epatuũ

Marie de rota ordinis sancti aug.   iiii.xx.iiii.flo.ix.ß.iiii.d
Scti iohānis melliueñ. ordinis sancti augustini   iiii.C

❡ Attrebatensis Episcopatus Arras Gallice.   iiii.m.flo.
Uedasti attrebateñ. ordinis sancti benedicti   iiii.m.flo
Montis sancti eligii ordinis sancti augustini   m.iiii.c.flo
Nicolai in ariosia ordinis sancti augustini   v.c.flo
Aquitineñ. ordinis sancti benedicti   iiii.m.flo
Inguinatensis ordinis sancti aug.   l.flo
Victoneñ. vel victonieñ. ordi. p̃m oñ.   v.c.flo
Petri harmeñ. ordinis sancti Benedicti   ii.m.flo
Rictourdio de marchenis ordinis sancti benedicti   v.c.flo

❡ Augustensis Episcopatus sub Tarantasia.   m.iii.c.flo.
Uiti in algani ordinis sancti benedi.   iiii.c.flo
Nicolai minorũ audex ordinis sancti benedicti
Eluateñ.   vi.c.flo
Monasteriũ musui ordinis sācti benedicti   iii.c.xxxiii.flo

❡ Agateñ. epi. Agede. gallice   m.v.c.flo
Uallis magne ordinis Cisterciensis   m.iiii.c
Thiberii ordinis sancti benedicti   m.flo

❡ Auinioneñ. archi. Auignon   m.viii.c.fl.
Andree ppe auinioneñ. ordinis sancti benedicti   iiii.c.flo

❡ Apteñ. epi. Aps. gallice   ii.c.l.flo
Eusebii ordi. sancti benedicti   ii.c.flo

❡ Albieñ. epi. Alby. gallice   ii.m.flo
Galliaco ordinis sancti benedicti   vi.c.vi.flo
Condalio ordinis Cistercieñ.   m.flo
Ganderici de scō stephano or. sancti benedicti   c.l.flo

❡ Arelatensis archiepiscopatus Arle gallice
ii.m.flo.
Montismaioris   m.v.c.flo

❡ Anicieñ. Episcopatus. Le puy en auergne
ii.m.v.c.l.flo.

Et alioꝛ bñficioꝛ

Theofredi ordinis sancti benedicti　　　　　v.c.flo
Doe ordinis Premonstracen.　　　　　　iiii.xx.flo

¶Agennensis Episcopatus Agen gallice
ii.m.iiii.c.xl.flo.

Claraco ordinis sancti benedicti　　　　　　ii.c.flo
Glondomo ordinis Cistercien.　　　　　　　vi.xx
Prixeimaco ordinis Cisterciensis　　　　　　lxx.flo
Exien̄.al's essien̄.ordinis cluniacen̄.　　　　viii.c.flo
Sancti mauricii ordinis sancti benedicti　　　　L.flo

¶Aurelianēsis Episco. Aorleans gallice oli
fuit taxatus　　　　　　　　　　　　iiii.m.flo
Sed dominus papa Gregorius reduxit ad　　ii.m.flo
Benedicti floriacensis ordinis sancti benedicti　ii.m.flo
Belgengiaco ordinis sancti august.　　　　　lxxv
Euurcii or.s.augusti.　　　　　　　　　　v.c
Maximini nunciatensis　　　　　　　　　ii.c.flo

¶Aquensis Archiepiscopatus in prouincia
Aix　　gallice.　　　　　　ii.m.iiii.c.flo

¶Aquensis Episcopatus in vasconia Aex
Gallice.　　　　　　　　　　　　　v.c.flo.

Sorduensis ordinis sancti benedicti　　　　　cl.flo
Sancte marie de la coucheta ordinis sancti bene.　xxxiii.flo

¶Adurensis Episcopatus. Aure Gallice
m.ii.c.flo.

Seueri ordinis sancti benedicti　　　　　　ii.c.flo
Pontisalti ordinis Cistercien̄.　　　　　　　l.flo
Gracie dei ordinis Premonstr.　　　　　iii.c.xxxiii.flo

¶Auraicensis Episcopatus Aurenches
Gallice　　　　　　　　　　　　　m.v.c.flo

Montis sancti Michaelis in periculo maris ordinis san‐
cti benedicti　　　　　　　　　　　　iiii.c.flo
Sauigniaci ordinis cistercien̄.　　　　　　viii.c.l.flo
Montis morelli ordinis scti augustini　　　　L.flo
De lucerna ordinis Premonstracen.

A.iii

Taxatio epatuū

¶Ambianeñ. epatus — Amiens gallice
iiii.M.ii.c.flo.

Johannis in Ambianis ordinis Premoñ.	ii.c.flo.
De corbeia siue corbieñ. ordi. sancti benedicti.	vi.M.flo.
Foresti monasterii ordi. sancti benedicti	iii.c.flo.
Marie de Bisignolio ordinis sancti august.	xl.flo.
Bisignolio item or.s.be. siue titulo marie	c.l.flo.
Athertis prope Ambiañ. ordinis sancti be.	c.lxxx.flo.
Judoici de domno martino supra lit. or. p̄mōst.	M.flo.
Judoici supra mare or. sancti benedicti	ii.c.flo.
Ualerici supra mare ordinis scti bñdicti.	ii.m.vii.c.flo.
Salui demonsterolio ordinis sancti benedicti	ii.c.l.flo.
De valloliis ordinis Cistercieñ.	xxxiii.flo.
Martini ad gemellos ordinis sancti augustini.	vii.c.flo.
Petri de Calincurte. Ordinis p̄monst.	ii.c.flo.
Richarii in pontino ordinis sancti benedicti.	iiii.m.flo.
Uedasti de Morolio ordinis scti benedicti.	ii.c.flo.
Carda ordinis Cistercieñ.	
Garicampi Cistercieñ. ordinis	
Ciriaco in pratis ordinis premonst.	
Beate marie de claro flagetto	

¶Apanneñ. ep. Appannes. — ii.m.v.c.fl.

De fluxo ordinis sancti augustini	vii.c.lxvi.flo.

¶Angolismeñ. epatus. Anglolesme. — M.flo.

Amancii ordinis sancti benedicti	clxx.flo.
Cella froyn ordinis sancti augustini	
Corona ordinis sancti augustini	
De bornero ordinis sancti benedicti	iii.c.flo.

¶Aureiceñ. epatus. Aurenge. — iiii.c.flo.

Biterreñ. epatus. Besiers. — ii.m.flo.

Uillemagne ordinis sancti be.	iiii.c.flo.
Petri de vincellis ordinis sancti bene.	v.c.flo.
Jacobi Biterreñ. ordinis sancti augu.	cxx.flo.

¶Baioceñ. eps. Bayeulx. — iiii.m.iiii.c.flo.

Et alioȝ bñficioȝ.

Vigoris de seraser seyo ordinis sancti be.	m.v.c.flo.
Ardemia ordinis Premonstr.	C.flo.
Marie de alneto ordinis Cisterciensis	iiii.c.lxxv.flo.
Marie de valle ordinis sancti augustini	lx.flo.
Stephani de fonteniaco ordinis scti benedicti	vii.c.l.flo.
Martini de Toarno ordinis sācti benedicti	M.ii.c.flo.
Marie de barberio ordinis Cisterciensis	lx.flo.
Marie de longis ordinis sancti benedicti	ii.c.flo.
Stephani de cadomo ordinis sancti benedicti	M.flo.

¶Burdegaleñ.archi.Bourdeaulx. iiii.m.flo.

Concis Burdegaleñ.ordinis sancti benedicti	vi.c.flo.
Silue maioris ordinis sancti Benedicti	viii.c.flo.
Faya siue saissia ordinis Cistercieñ.	iiii.c.flo.
Petri de insula de medulio ordi.sancti augu.	clix.flo.
Saluatoris de blonnia ordinis sancti benedi.	iiii.c.flo.
Vincentii de burgo ordinis sancti augustini	c.flo.
Petri de bertholio ordi.s.augustini	cv.flo.xx.d.
Romani de baliua ordinis sancti augustini	vi.c.flo.
Monasterii de bonoloco ordinis Cistercieñ.	lvii.flo.i.tʳ.

¶Brioceñ.eps.Saict brien. viii.c.flo.

Marie de lanteriat ordinis sancti benedicti	iiii.xx.flo.
Bello portu ordinis Premonstraceñ.	C.flo.

¶Beluaceñ.eps.Beauuais. iiii.m.vi.c.flo.

Luciani prope beluacū ordinis sancti benedicti	iii.m.flo.
Simphoriani prope beluacū ordi.sancti bene.	iii.c.xii.flo.
Quintini prope beluacū ordinis sancti aug.	v.c.flo.
Regalis montis ordinis Cisterciensis	ii.c.lviii.flo.
Marie de bertholeo ordinis sancti benedicti	vi.c.flo.
Martini in bosco Ruricurseñ.	iiii.c.flo.
Germani de flaico ordi.sancti benedicti	M.flo.
Belli prati ordinis Cistercieñ.	vii.c.flo.

¶Bituriceñ.Archi.Bourges. iiii.m.flo.

Sulpicii bituriceñ.ordinis sancti benedicti	iiii.c.flo.
Petri de virgure ordi.sancti benedicti	ii.c.
Burgidoleñ.ordinis sancti benedicti	iiii.m.flo.
Ambrosii bituriceñ.ordi.sancti augustini	clxxv.flo.

Taxatio epatuũ

Fontiscombaudi ordinis sancti benes.	ii.c.flo.
Saturii ordinis.s. augustini.	vi.c.lxxv.flo
Marie de exolduno ordinis sancti benedicti	l.flo
Gildasii ordinis sancti Benes.	iiii.c.l.flo
Clarenis ordinis cisterciensis	lx.flo
Marie de exolduno ordinis sancti be.	C.flo
Marie de tellis ordinis sancti augustini	cl.flo
Casalis benedicti ordinis sancti benedicti	iiii.c.flo
Millebea ordinis sancti benedicti	Cl.flo
Plembendensis ordinis sancti augustini	c.vii.flo
Marie de laudasio ordinis Cisterciẽ.	ii.c.flo
De baysella ordinis Cisterciẽ.	lx.flo
Marie de albis peris	lx.flo
De petris ordinis Cisterciẽ.	lxiii.flo.i.tſ
Messayo ordi.s. Benedicti	vi.xx.flo
Coluna ordinis Cisterciẽ.	lxx.flo
Genulphi ordinis sancti benedicti	ii.c.flo
Nicolai de miseray ordinis sancti augustini	C.l.flo
Oliueto ordinis Cisterciẽ.	vi.xx.flo
Marie de laudesio ordinis Cisterciensis	ii.c.flo
De domo dei supra chaurũ ordinis cisterſienſis	lxvii.flo
Terancia ordinis sancti augustini	l.flo
Gigiraum in brens ordinis sancti benedicti	cl.flo
Pratea ordinis cisterciensis	vi.c
Loci regro ordinis cisterciensis	
Marie de podio ferrandi ordi. sancti augustini	xxx.flo.i.tſ
❡Bayoceñ. epi. Bayonne	c.flo
De fore de campobaso ordinis sancti benedicti	
Georgii de mirabello ordinis sancti benedicti	
❡Bisuntinº archi. Besanson	m.flo
Pauli ordi. sancti augusti.	vii.c.flo
Claro fonde ordinis cisterciensis	l.flo
Cornelio ordinis p̃monst.	lxvi.flo
Caritate dei ordinis cisterciensis	vi.xx.flo
Bone vallis ordinis cisterciensis	c.flo
Petri de boipolio ordi. sancti benedicti	vi.c.flo
Baluia ordinis cluniaceñ.	v.c.flo

Et aliorū bnficiorū.

Rosseriis siue Roseriarū ordinis cisterciensis	ix.flo
Lulia ordinis scti benedicti.	lxii flo
Abōtis sctē marie ordinis cisterciēn.	ii.c.i.flo
Marie de sauerneio ordinis sancti benedicti	ii.c.flo
Clari loci ordinis cisterciensis	clxxvii.flo
Athesio siue acreio ordinis cisterciensis	cxxx.flo
Marie de baberna ordinis cisterciensis	iii.c.xxxiii.flo
⁋Basilien.epi. Balle Gallice	m.flo
Mornacien. als morłaz ordi. sancti benedicti	vi c.flo
Licella ordinis cistercien.	lx.flo
⁋Bellicen.epi. Bellien.	iii.c.xxxiii.flo
Sulpicii ordinis cisterciensis	cl.flo

⁋Arcasonen.episc. Carcassonne
vi. m. flo.

Crassen. ordinis sancti be.	iii.m.v.c
Montis olin ordinis scti Be.	iii.m.v.c
Hylarii ordinis sancti benedi.	m.flo
Villelōgue ordinis cisterciēn.	iii.c
⁋Cathalanen ep. Chaalōs.	iii.m.flo
Menien. in suburbio ordinis sancti august.	viii.c.flo
Petri ad montis ordinis sancti augustiui	m.iii.c.flo
Sim sanctorum ordinis sancti augustini	vi.c.vi.flo
Martini de oriono ordinis scti bñdicti	iii.c.xxx.flo
Triū fontiū ordinis cisterciensis	xl
Alti fontis cisterciensis ordinis	xxii
Monasterii in argona ordinis cisterciēn.	liii.flo
Urbani ordinis sancti benedicti	m.flo
Marie de virtute ordinis sancti augustini	xxx.flo
Colocerii de marimōte ordinis sancti benedicti.	vi.c.flo
Saluatoris de virento ordinis sancti benedicti	iii.c
Deruen. als monster ordinis sancti benedi.	iii.c
Morimonte ordinis sancti benedicti	
⁋Caturcen. episco. Caours	m.flo
Figiacii ordinis sancti benedicti	ii.m
Musciacii ordinis cluniacen.	iiii.m
Marsiliaco ordinis sancti benedicti	L.flo

Taxatio epatuū

Guarde dei ordinis Cisterciensis — v.c.flo.
Marcellii ordinis Cistercien. — l.flo.

¶ Cameracen. eps. Cambre. vi.M.flo.

Sepulchri ordinis sancti benedicti — ii.c.xxxiii.flo.
Auberti ordi. sancti augustini — iiii.c.iiii.xx.flo.
Andree de castello ordinis sancti benedicti — m.ii.c.l.flo.
Hilezii ordinis sancti benedicti — C.l.flo.
Loci sancti bernardi ordinis cistercien. — viii.c.iiii.xx.flo.
Landerini ordinis sancti benedicti — iii.c.lxxiii.
Vallis fossine ordinis sancti benedicti — iii.c.
Dionisii ordinis sancti benedicti — v.c.
Marie de camberonne ordinis cisterciensis — vii.c.
Valcelis ordinis Cisterciensis — v.c.l.flo.
Petri lobiensis ordinis sancti benedicti — iii.c.
Petri de altomōte ordinis sancti benedicti — vi.xx.
Saluatoris ordinis sancti benedicti — c.l.flo.
Cornelii ordinis premonstr. — ii.c.l.flo.
Umberti de marii solis ordi. sancti benedicti — C.flo.
Lamberti licien. ordinis sancti benedicti — c.xxxviii.flo.
Marie toguerlen. ordinis premonstr. — m.iii.c.flo.
Sancti petri afliginiensis ordinis sancti benedi. — ix.c.flo.
Andriani ordinis sancti benedicti
Michaelis aritinerpien. premōst. ordi. — iiii.c.
Petri Garnibergen. ordinis premonst. — iiii.c.
Johannis valen. ordinis sancti augustini — lxvi.flo.i.tr̄

¶ Carnoten. eps. Chartres gall. iiii.M.

Abbatia vindocinen. Ordinis sancti benedicti — ii.m.
Gradis vallis ordinis premonst. — l.flo.
Marie magdalene de castroduno or. s. augusti. — ii.c.
Marie de burgo medio ordi. sancti augusti. — iiii.c.l.flo.
Landomari ordinis sancti benedicti — m.v.c.
Trinitatis de tyronio ordinis sancti benedicti — v.c.flo.
Marie de iosaphat ordinis sancti benedicti — ii.c.
Marie de conboubis ordinis sancti benedicti — viii.c.
Vincentii de nemore ordinis sancti augustini — ix.
Johannis in vallia ordinis sancti augustini — iiii.c.
Bonnevallis ordi. sancti benedicti — vi.c.

Et alioꝝ bn̄ficioꝛ

Marie de artisis ordinis sancti benedicti   cxxv.
Petri in valle ordinis sancti benedicti   v.c.
Ponte leuio ordinis sancti benedicti   iii c.
Helemosio ordinis Cisterciensis   L
Caraum ordi. sancti Augustini   vi.xx.
Petri de nealpha ordinis sancti benedicti   vi.xx.

¶ Cōstancien̄. eps̄. Constances.   ii.m.v.c.flo.
Seueri ordinis sancti benedicti   v.c.flo.
Marie de boto ordinis sancti augustini   vi.c.
Saluatoris ordinis sancti benedicti   ii.c.l.
Trinitatis ordinis sancti benedicti   vi.c.
Laudi de sancto laudo ordi. sancti augustini   iii.c.
Mortis burgi   vi.c.
Marie de hambeya ordinis sancti benedicti   lxxii.
Nicolai de blancacharda ordinis premonst.   cc.
Sinia ordinis Cisterciensis   ii.c.flo.
In isuria ordinis sancti augustini.   c.flo.

¶ Cabilonen̄. eps̄. Chalon.   viii.c.flo.
Petri ordinis sancti benedicti   iii.c.
Leuorcii ordinis sancti benedicti   M
Abbatia Cistercien̄. caput ordinis sui   iii.c.flo.
Firmitatis ordinis Cistertiensis   iiii.c.l.flo.
Maceris ordinis Cistertiensis   iii.c.xx.flo.

¶ Carpētraten̄. eps̄. Carpētras.   M.v.c.flo.
¶ Cauallen̄. eps̄. Caualhon. gallice.   v.c.flo.
¶ Claramōten̄. eps̄. Clermōt.   iiii.m.v.c.l.fl.
Andree ordinis premonst.   L.flo.
Ilz dy l'Illidii ordinis sancti benedicti   L
Gilberti ordinis premonstr̄.   c.l.flo.
Nouē fontium ordinis Cistertiensis   c.l.flo.
Vallis honeste als ferarien̄.   c.l.flo.
Casa dei ordinis sancti benedicti   iiii.m.flo.
Belaqua ordinis Cistertiensis   ii.c.flo.
Isidori ordinis sancti benedicti   ii c.flo.
Cantomy ordinis sancti augustini   xxiii.flo.i.tꝝ
Mousiati ordinis clunis̄.   ii.c.flo.

B

Taxatio epatuū

Montis petroſi ordinis cistercienſis — ii.cl.flo
Magni loci ordinis ſancti benedicti — iii.c.xxii flo
Menato ordinis ſancti benedicti — ii.c.flo
Amabilis ordinis ſancti auguſtini — cl.flo
Vallis lucide ordinis cistercienſis — c.flo
Ebrolyon ordinis ſancti auguſtini — iii.c.xxiii.
Thierno ordinis cluniacenſis — L.flo
Aureliacenſis ordinis ſancti benedicti — ii.m
Simphoriani ordinis cluniaceñ. — L

℘Carpenterateñ.epi.Carpētras. — m.v.c.flo
℘Caualiceñ.episco.Caualon — v.c.flo
Sinagna ordinis Cistercieñ. — i.c
℘Cōmenarū Episco.Cōminge. iiii.m. o.
Benedictionis dei ordinis cistercienſis — v.c
Boni fontis ordinis Cistercienſis — B
℘Coriſopoteñ.Episco.Cornouaille — M.flo
Marie de doulas ordinis scti auguſtini — iiii.xx
Gingibon de laudo ordinis ſancti benedicti — vi.xx
Crucis carūperelle ordinis ſancti benedicti — clxxvi
Tonigelar ordinis ſancti benedicti — vi.xx
Marie contumalium — L.flo
℘Cenomaneñ.Epi.Le mans — ii.m.ii.c.
De cultura ordinis ſancti benedicti — iii.c.flo
Belloloco ordi.ſ.augu. — cxii.flo
Marie de ebronyon ordinis ſancti benedicti — iii.c.
Vincentii ordinis ſancti benedicti — iii.c
Marie de laulayo ordinis ſancti benedicti — ii.c.l
Careleſi or.ſ.be. ii.c.l.   Georgii or.ſ.augu. — lxvi
Marie de piſcinia ordinis Cistercieñ.
Marie de claramonte ordinis cistercienſis — ii.c.lxvi.flo
Marie de vadatio ordinis ſancti auguſt. — xxiii.flo
De pietate dei ordinis cistercieñ. — ii.c
℘Castreñ.Episco.Castres — ii.M.v.c
℘Conſeraneñ.Episco.Conſerans — M
Lombelonge ordinis Premonstrateñ. — iiii.c.lx.flo

Et alioꝛ bñficioꝛ

¶ Condonneñ. Episco. Condon   ii.M.v.c

Dolensis episcopatus. Dol.   iiii.m.flo
Jacuti ordinis sancti benedicti   ii.c.flo
¶ Digneñ. episco. Digne.   iiii.c.flo
Tirucheto ordinis sancti benedicti   viii.flo
Marie de villa veteri ordinis cisterciẽs.   clxvi.flo.ii.tꝫ
Dieñ ⁊ valẽtinꝰ cõiũcti Dies.   iiii.m.flo

Elueñ. episco. Eaule   m.v.c.fl.
Genesii eaule de fontanis ordis sancti be.   ii.c.flo
Arulas   iiii.c.flo
Riupuly ordinis sancti benedicti   vi.c.flo
Andree de gurreto ordinis scti benedicti   c.flo
Clauana a͛s dan
Maria de regnaly ordinis sancti augustini   iiii.c.flo
Vallis bona ordinis cisterciensis   l.flo
Martini de garisonne ordinis sancti bñdicti   c.flo
Cusano ordinis sancti benedicti   ii.c.flo

¶ Ebroiceñ. Episco. Eureux   ii.m.v.c.flo
Taurini ordinis sancti benedicti   m.cxliiii.flo
Crucis sancti leufredi ordinis sancti benedicti   ii.c.l.flo
Marie de lira ordinis sancti benedicti   iii.c.flo
Boni portus ordinis cisterciẽs.   m.flo
Petri de conchis ordi. sancti benedicti   v.c.flo
Marie de valle ordinis sancti benedicti   ix.flo
Marie de noua ordinis cisterciẽs.

¶ Eduensis Episco. Autun.   iiii.m.lxxx
Martini ordinis sancti Benedicti   iii.c.flo
Unziliateñ. ordinis sancti benedicti   m.v.c
Fontaneto cisterciensis ordinis
Leonardi ordinis sancti benedicti   iiii.c
Petri de flangeyo ordinis sancti benedicti   M.flo
Lora ordinis sancti benedicti   ii.c.l.flo
Marie de orgneo ordinis sancti augustini   cx.flo

B.ii.

Taxatio epatuū

℃ Ebredunen̄.epi.Embrū　　ii.m.iiii.c.flo.
Rostandunensis ordinis sancti benedicti　　ii c.l.flo.
℃ Electen̄.epi.Elexe.al's.Alect.　m.v.c.flo.
Jocundensis ordinis sancti benedicti　　ii.c.xxvi.flo.

F

Lori. Sainct flour.　　ix.c.flo.
Pipernicen̄.ordinis sancti aug.　c.iii.flo
Aureigliacen̄.ordinis sancti be.　ii.m.flo
Mauricii ordinis sancti bene.　ii.c.flo
Foronilien̄.ep. Forins. m.iiii.c
Floregia al's de forneto or.Cist.　iii.c.flo.

G

Rōnopolitan̄.epi.Grenoble.iii.c
Grassen̄.epi.Grasse　　iiii.c.flo
Glaudaten̄.epi.Claudenes　　iiii.c.flo
Gebanen̄.epi.Genesue　　v.c.flo
Marie de abundancia ordi. s. augu.iii.c.flo
Boni montis ordinis Cistercien̄.　　vi.xx.flo
Siliaci ordinis sancti augustini　　v.c.flo
Accernibe ordinis Cisterciensis　　v.c.xxxiii.flo
Bitz. ordinis sancti Augustini　　iii.c.flo
Marie de alpib9 ordinis Cisterciensis　　v.c.flo

L

Ingonien̄.epi.Lagres.　ix.m.flo
Secani ordinis sancti benedicti　　v.c.
Molis monasterii vel Molicinen̄. ordinis sancti benedicti　　iiii.m.
Mori mondo ordinis cistercien̄.　m.iiii.c
Crisea ordinis cisterciensis　　ii.c
Pulcoriarū ordinis sancti benedicti　　ii.c
Mons ordinis Cisterciensis　　xlix
Benigni de dumone ordinis scti benedicti　ii.m
Stephani de dumone ordinis sancti augustini　vii.c
Michaelis de Thornodoro or. s. bene.　ii.c.xlviii.flo

Et alioꝛ bñficioꝛ.

Theoloco ordinis Cisterciensis	xxviii.flo.
Marie de castilone ordinis sancti augustini	v.c.flo
Clare vallis ordinis cister.	iii.m.
Melugdensis ordinis sancti benedicti	iii.c.
Johannis reomeñ.ordinis sancti benedicti	ii.m.
Petri de besua ordinis sancti benedicti	iiii.c.flo

⁋Lemouiceñ.epi.Limoges.galli. m.vi.c.fl.

Uoslensis ordinis sancti benedicti	c.lxx.flo
Grandimonsteñ.	m.v.c.
Martini Lemouiceñ.ordinis sancti benedi.	vi.xx.flo
Bartholomei de beneuento ordi.sancti aug.	iii.c.xxxiii.flo
Marcialis lemouiceñ.ordinis sancti benedi.	m.flo
Meniaco ordinis sancti benedicti	c.l.flo.
Soleniaci ordinis sancti benedicti	iiii.c.flo
Stirpensis ordinis sancti augustini	v.c.
Dalone ordinis Cisterciensis	iiii.c.l.
Bello loco ordinis sancti benedicti	iiii.c.
Boni loci ordinis cisterciensis	c.flo.
Palacio ordinis cisterciensis	vi.xx.x.flo
Albis petris ordinis cisterciensis	lx.flo
Belli loci ordinis sancti benedicti	iiii.c.
Egeduno ordinis sancti benedicti	ii.c.flo.
Bona aqua ordinis cistercieñ.	iii.c.flo.
Colonna cistercieñ.isti⁹ est bieñ.dioc e.	lxx
Augustini lemouiceñ.ordinis sancti benedicti	iiii.c.
Obasme ordinis cistercieñ.	m.flo.
Petri vserchie ordinis sancti benedicti	v.c.
De prato benedicto ordinis cisterciensis	xxxiii

⁋Lodoueñ.epi.Lodesue.gallice. m.flo.

Saluatoris de lodeua ordinis sancti benedicti	iiii.c.
Guillermi de sertis ordinis sancti benedicti	vi.c.flo

⁋Lugduneñ.archi.Lyon.gallice. iii.m.flo

Athanatheñ.ordinis sancti benedicti	iii.c.
Marie de miratorio ordinis cistercieñ.	lxiiii.flo
Benedictionis ordinis cisterciensis	xxxiii.flo
Insule barbare ordinis sancti benedicti	iiii.c.l.flo

B iii

Taxatio epatuū

Bella villa ordinis sancti augustini	ii.c.flo
Martini saguraceñ. ordinis sancti benedicti	v.c
Ambroniaco ordinis sancti benedicti	iiii.c.l.flo
Regnoberti ordinis sācti benedicti	ii.c.l
Vallis benedicte ordinis cisterciensis	xxxiii.flo
Cassaignie ordinis cisterciensis	lx.flo
De iugo dei ordinis Cistercieñ.	xxxiii
Eugendi ordinis sancti benedicti	M.v.c.flo

¶ Laudunen. Episco. Laon.   iiii.m.

Abbatia premonstraceñ. caput ordinis	ii.m.ii.c.lx
Johannis laudunen. ordinis sancti benedicti	iii.m
Martini laudunen. ordinis Premonstr.	m.v
Nicolai de pratis ordinis sancti benedicti	ii.c
Justinaco ordinis cistercieñ.	vi.c
Lusiaceñ ordinis premōstraceñ.	vii.c.xxx
Stephani de cornu ordinis cistercieñ.	lxvii.flo
Michaelis de taresca or. sancti benedicti	v.c
Clarifontis ordinis Premonstraceñ.	clxx.flo
Marie de botris ordinis cisterciensis	iiii.xx.flo
Vincentii laudunen. ordinis sancti augustini	m.flo
Marie de nogento ordinis sancti augustini	

¶ Lucionen. Episco. Lucon   M.flo

Marie sctī iohānis de orbesterio ordinis sancti be.	iiii.xx
Crucis de thalemondo ordinis sancti benedicti	cl.flo
Marie de angelis ordinis sancti augustini	c.iiiixx
Loci de mudo ordinis sancti benedicti	cl.flo
Marie de granateria veteri ordinis sancti benedi.	ii.c.flo
Michaelis in heremo ordinis sancti benedicti	v.c.flo
Fontanellis ordinis sancti aug.	iiii.xx.flo
Marie de insula ordinis Cisterciensis	l.flo
Brolio ebrand. ordinis sancti benedicti	cxxxiii
Marie de trigezio ordinis sancti benedicti	lxiii.flo

¶ Lectoren. episco. Lestore   m.vi.flo
¶ Leonen. episco. Leon.   viii.c.flo

Mathei in finibus terre	iii.c.flo
Marie de carler ordinis Cistercieñ.	cl.flo

Et alioꝛ bñficioꝛ.

Gelber als de relignus ordinis cisterciensis
¶Lombarien̄. epi. Lombes　　　　ii.m.v.c.flo
¶Lescurien̄. epi. Lescat　　　　　iii.c.flo
¶Lexouiensis epi. Lisieux　　　　iiii.m.flo
Marie de blenayo ordinis scī bn̄dicti　　m.ii.flo
Petri de platellis ordinis sancti bened.　　vii.c
Ebrulci ordinis sancti benedicti　　　viii.c.l
Marie de grestano ordinis sancti benedicti　c.l.flo
Cormelus ordinis sancti benedicti　　　ii.c.flo
¶Lausanen̄. episco. Losenne　　　m.ii.c.flo
Alta ripa ordinis cistercien̄.　　　　cxxxiiii.flo
Alta crista ordinis cisterciensis

M

Aleacen̄. epi. Maillieres ii.m.s
Petri de aurea valle or. s. aug.　iii.c.l.flo
Vincentii de molio or. s. aug.　　ii.c
Bellofonte　　　　　　　iiii.xx
Maloleone ordinis sancti aug.　c.flo
Meten̄. epi. Metz　　　　vi.m.
Vincentii ordinis scī Be.　　iiii.c
Clementis ordi. sancti benedicti　　iii.c.xxxiii.flo
Petri montis ordi. sancti augustini　　ii.c
Arnulphi ordinis sancti Bened.　　m.iiii.c.flo
Martini ꝓpe meten̄. ordinis sancti benedicti　ii.c.flo
Peraui de omebato als aribaten̄. or. s. bene.　clxvi
Martini glauduen̄. ordinis sancti benedi.　v.c
Simphoriani ordinis sancti benedicti　iiii.c.l.flo
Sorzien̄. ordinis sancti benedicti　　m.v.c.
Flaboris ordinis. s. Benedicti　　c.vi.xx.flo
¶Morinen̄. Epi. Therouenne　　v.m.
Capella ordi. s. be.　iii.c　Marie i nemore or. s. aug.　c.flo
Johannis prope foras ordinis sancti augustini　L
Saluatoris hanien̄. ordinis sancti be.　m.v.c
Marie de bournia sup mare ordinis. sancti augustini　v.c.
Petri τ pauli. bauserien̄. ordinis. s. augustini.　cxiii
Johannis prope morinen̄. ordinis. s. bene.　iii.c.xiii

Taxatio epatuū

Saluatoris de curdie ordinis sancti benedicti	iiii.c.xii
Augustini morinensis ordinis premonstr.	lxxvi
Nicolai suruen. ordinis premonstra.	ii.c.flo
Berthe de blangaco ordinis sancti benedicti	ii.c.l.flo
Bertini in sancto audomaro ordinis sancti benedi.	ii.m
Diuus cisterciensis ordinis	m.v.c
Silini de arciaco ordinis sancti benedicti	clxv
Marie de longo vilari ordinis cisterciensis	xliiii
Marie de saubargna ordinis sancti augustini	cxxiii
Tymoli bergon ordinis sancti benedicti	viii.c.xxx
Johannis in pratis ordinis sancti benedicti	
Claromarisco ordinis cisterciensis	viii c flo
Montisalbani epi. Mōtauban.	**ii.m.v.c.flo.**
Bellapertica ordinis cisterciensis	vi.c.flo
Morianeñ. epi. Morienne.	**m.v.c.xxxviii.fl.**
¶Maclouieñ. epi. Saict malo.	**m.flo**
Bello loco ordinis sancti augustini	ii.c
Johannis de pratis ordinis sancti benedicti	L
Jacobi montis fortis ordinis sancti augustini	L
Panis prontis ordinis sancti augustini	L.flo
¶Magaloneñ. epi. Maglonne.	**iiii.m**
Amanie ordinis sancti benedicti	v.c
¶Matisconeñ. epi. Mascon	**m.flo**
Abbatia Cluniaceñ. sui ordinis caput	viii.m.flo
Rigaudi ordinis sancti benedicti	ii.c.flo
¶Massilieñ. epi. Marcelle	**vii.c.flo.**
Uictoris prope massiliaz ordinis sancti benedicti	m.viii c
¶Mirapiceñ. epi. Mirepoix	**ii.m.v.c**
Bolbona ordinis Cisterciensis	m.ii c
¶Meldeñ. epi. Meaulx.	**ii.m.flo**
Petri de ribesco ordinis sancti benedicti	
Faraonis ordinis sancti benedicti	m.ii.c.flo
Petri de agro ordinis sancti bñdicti	m.ii.c.flo.
Marie de recamatoris ordinis cistercieñ.	cxxii.flo.
¶Mimateñ. epi. Mande.	**m.v.c.flo.**

Et alioȝ bñficioȝ

N
Narboneñ. archi. Narbõne. ix. m.
Petri de canius ordinis sancti be. viii.c.
Policarpi ordinis sancti benedicti. iii.c.
Marie de quadragita or. s. augu. v.c.flo
Marie fontisfrigidi ordi.cister. ii.m.flo
¶ Nouioneñ. epatꝰ Noion iii.m.flo
Eligii nouionensis ordinis sancti benedicti iii.m
Quintini ordinis sancti benedicti m.flo
Marie hameñ. ordinis sancti augustini viii.c
Montissancti quintini ordinis sancti benedicti iiii.c.flo
Eligii fontis ordinis sancti benedicti vii.c.l.flo
Marie de vrsicampo ordinis Cisterciensis m.viii.c.
Marie de vermando ordinis premonstra. xxx.flo
Prejecti ordinis sancti benedicti viii.c.flo
Hambleriis ordinis sancti benedicti iiii.c.flo
Priscii in vermando ordinis sancti benedicti cxxxiii
¶ Nanateñ. Episcopatꝰ. Nātes M.v.c
Villenoue ordinis cistercieñ. c.flo
Marie de milierpo ordinis cisterciensis cvi.flo
Marie magdalene de gonestomo
Gildasii in nemore ordinis sancti benedicti
Gildasii riueñ. ordinis sancti benedicti xc.flo
Alba corona veteri vi.c.lxvi
Marie de burgo ordinis sancti augustini lxvi
Marie de poricidio cxxxiii
De busago ordinis cistercieñ. lxvi
¶ Nemansieñ. epi. Nismes M.ii.c.flo
Egidii ordinis sancti benedicti viii.c
Francaȝ vallium ordinis cisterciensis xl.flo
Plamondine ordinis sancti benedicti v.c.flo
Sindraceñ. ordinis sancti benedicti ii.c.flo
Salue seu salgne ordinis sancti benedicti iii.c.flo
¶ Niuernensis episco. Neuers ii.M.flo
Belle vallis ordinis premonst. c.flo
Martini ordi. sancti aug. c.flo

Taxatio epatuũ

Olerensis Episcopatus. Oleron.   v.c.ſ lo
Luco oz.ſ.b.   cl.   Vincentii de lucra   cl.

PParisieñ. Epi. Paris. iii.m.v.c
Maglozii ordinis sancti be   iii.c.xvii.flo
Victoris ordinis sancti augustini   C
Genouefe ordinis sancti augustini   viii.c
Dionysii ordinis sancti benedicti   vi.m
Mauri de fossatis ordinis sancti benedicti   vii.c.l.flo
Vallis beate marie ordinis Cisterciensis   ix.c.flo
Petri de latiniaco ordinis sancti benedicti   m.iii.c.flo
Herminiario ordinis premonstr.   ii.c.flo
Vallis sarnany ordis Cister. xxxiii. Vallis.ſ. marie. xxxiii
Germani de prat(. viii.m. ſz oz reducta p Urbanũ a. iiii.m
Marie de ermale ordinis sancti bñdicti   lxvi.flo

Petragoriceñ. Epi. Perigoz. ii.m.v.c.flo
Petrosa ordinis cister. ii.c. Brantholinio oz.ſ. be.   iiii.c.flo
Tursiaco oz.ſ.be. vi.xx. Marie de canselata oz.ſ.au. vi.xx.x

Pictaueñ. episco. Poitiers. ii.m.viii.c.flo
Sela: prope terras oz.ſ. Augu.   m.flo
Monasterii mioni pictaueñ. ordinis cluniace.   vii.c.flo
Leonardi de ferrariis ordinis sancti benedicti   ix.flo
Sauiny oz.ſ.b. c.cl. Jouiny de marins, oz.ſ.be. v.c.xx.flo
Maxentii ordinis sancti benedicti   m.ii.c.flo
Benedicti de quinciano ordinis sancti benedicti   ii.c.l.flo
Carofensis ordinis sancti be. iiii.c.   Regalis ordi.ſ.aug.c.
Marte de Castelaris ordi. cister.   iii.c.flo
Crucis de anglia oz.ſ. augu. ii.c. Marie de mia dei oz. cist. cl
Mantolio ordinis sancti benedicti   ii.c.flo
Lanuchi de tuarchio ordi. sancti augustini   clxx.flo
Marie de cella oz.ſ. augu. v.c. Bonocãpo oz.ſ. bene: C
Sedebrignon ordinis sancti benedicti   l.flo
Cipziani extra muros pictaueñ. ordinis sancti be. xxxiii.flo
Seuerini oz.ſ.aug. lx flo.   Nobilsaco oz.ſ. be.   iii.c.flo
Marie de stella oz. cist.   Marie de valentia ordi. cist.
Marie de alodis ordinis sancti benedicti   vi.xx.flo
De puny ordinis Cisterciensis   xxxiii.flo

Et alioȝ bńficioȝ.

In basia iugastina ordinis Cisterciensis   ii.c.flo
Marie bone vallis ordinis Cisterciensis
Marie fontis comitis or.s. Augustini   xxxiii.flo

¶ Sancti pontii themeriarum Episcopatus

Sainct pontz de thōmieres.   iii.m.iiii.c.flo
Mau or.s.be.   iiii.c.flo.
Fōtis calidi or.premōstr.   iii.c.flo

¶ Sancti Papuli Episcopatus. Sainct pa poul.   Gallice   ii.M.v.c.

Rothomagen.archi. Rouē. xii.m
Fiscanēsis ordinis sancti benedicti   viii.m
Martini prope pōtisarā ordinis.s.be.   v.c
Audoeni ordinis sancti benedicti.   iiii.m.
Petri de gemeticis ordi s.bene.   ii.m.iii.c
Michaelis de vlteriori portu or.s.bene.   v.c.flo
katherine in monte or.s.bene.   m.flo
Johannis euangeliste fulcardimonte ordi.Cister.   l.flo
Beccohelioni or s.be.   iii.m.
Quādregisilii or.s.be.   iiii.m flo
Victoris de caleto ordinis sancti bene.   iii.c.flo
Marie de mortuo mari ordi.cister.   xxx.flo
Marie de insula dei ordinis premonstr.   cxlvi.flo

¶ Remensis archiepi. Reims.   iiii.M.flo

Remigii ordinis sancti benedicti   v.m.ii.c.flo
Dionysii ordinis sancti augustini   ix.c.flo
Bazoli ordinis scti benedicti   vii.c.l.flo
Nicasii ordinis sancti benedicti   M.flo
Mazonio ordinis sancti benedicti   viii.c.l.flo
Alto vilari ordinis sancti benedicti   vii.c.flo
Caluo monte ordinis premonstra.   xxx.flo
Marie ygimantēn.ordi.cisterciensis   v.c.flo
Elenus ordinis cisterciensis   ii.c.flo
Vallis regis ordinis cisterciensis   iiii.c.flo
Siginaco ordinis cisterciensis   vii.c.l.flo
Laerio ordinis Cistercien.   C.M.

Taxatio epatuũ

Septem fontium ordinis premonst. iii.c.flo
Belle vallis ordinis premonstr. iii.c.l.flo
Theodorici or.s.b. vii.c.l. Vallis dei or pre. lxvi.flo
¶ Ruthenen.episco.Rodes ii.M.ii.c.flo
Lonchenen. ordinis sancti benedicti vi.c.flo
Bone vallis ordi cister. vii.c. Bello loco ordinis cist.ii.c
Bone coube or. cister. ii.m.lxxvi. Loci dei or.cist. ii.c.xl
¶ Riuen.Episcopa.Ryeulx ii.M.v.c
Petri lazaten.als de pede laxato ordinis cluniace. m.flo.
Abauciarelis ordinis sancti benedicti vi.c.flo
Fulen.ordinis cister. ii.c. Calercio ordi.cister. iiii.c
¶ Rodonen.Episcopa.Renes M.flo
Melani.ordinis sancti benedicti iii.flo
Petri de releyo ordinis sancti augustini c.flo

Senonen.archiepi. Sens vi.M.
Remigii ordinis sancti benedicti vi.c.flo
Petri viui.Senonen.ordinis sancti be. vii.c
Johannis Senonen.or.s.Augustini v.c.flo
Eugenii ordi.s.augustini.L. Seuerini or.s.augu. vi.c
Barbelle als de sacro portu ordinis cister. viii.c
Sacrasella ordi.Cister.ii.c. Collũbe ordi.s.be. m.flo
Petri de calamis in bria ordinis sancti benedicti c.flo
Petri feniacensis ordinis scti benedicti viii.c
Joyaco ordi.Cister. v.c. Estalteris ordinis Cister.
Johannis de gardo ordinis sancti augustini ii.c.xxv
Trinitatis de morginaco ordinis sancti bene. iiii.c.lx
Pzulhaco ordinis Cisterciensis ii.c
Vallis lucentis ordinis Cistertiensis ii.c.flo
Jacobi de prouino ordinis sancti augustini ii.c.l.flo
Petri de molendino ordinis sancti benedicti viii.c
¶ Suessionen.episco.Soissons ii.m.iiii.c.
Crispini maioris suessionen.ordinis sancti bene. iii.c.l.flo
Leodegarii or.s.augu. clxvi. Medardi.or.s.be. ii.m.ii.c
Crispini in cauea ordinis sancti augustini ii.c
Johannis in vineis ordinis sancti augustini m.ii.c.l
Cornelii z cipriani de cõpendio ordinis.s.be. ii.m.flo.

Et alioɼ bñficioɼ.

Enodi de brema ordinis premonst.	v.c.flo
Valis serene ordinis premonstr.	v.c.flo
Eustaço ordinis sancti benedicti	v.c.flo
Petri de arbato ordinis sancti benedicti	v.c.l.flo
Longipontis ordinis Cisterciensis	v.c.l.flo
¶ Siluanecteñ. episco. Senlis	m.ii.c.l.fl.
Marie de victoria ordinis sancti augustini	vi xx. flo.
Caroli loci ordinis Cisterciensis	ii.c.lxvi
¶ Sarlateñ. episcopa. Sarlat.	vii.c.flo
Terrasoueñ.or.s.be. iii.c. Amandi ordi.s.augu.	iiii.c.
Cadumi ordinis Cisterciensis	v.c.flo.
¶ Senectensis episco. Senes	vi.c.flo.
Bone ordinis sancti bñdicti	xl.flo.
¶ Sagiensis episco. Sees.	iiii.M.flo.
Petri supra diuam ordinis sancti augustini	viii.c.l.flo
Marie de sancto andrea de goferno ordis Cister.	vi.xx.flo
Martini ordinis sancti benedicti	iii.c.l.flo.
Johannis prope falesiam ordinis premonstr.	vii.c.flo
Marie de sypleyo ordinis premonstr.	vii.c.flo
¶ Sistariceñ. epatus. Sisteron.	viii.c.
Crossieñ. ordinis sancti augustini	iiii.c
Sancti flori episco. supra in. S.	
Sancti pauli episco. supra in. P.	
Sancti pontii Themeriarum supra in. P.	
¶ Seduensis episco. Sedun.	ii. M. flo
Mauricii agaunensis ordi. sancti augustini	ii.c.flo.

¶

Uroneñ. archi. Tours ii. m. v. c
Maioris monasterii or. s. bene. vii. m.
Pauli de cormeriaco or. s. bene. ii.c.flo
Marie de micariis or. s. bene. iii.c.
Juliani de scalaria or. s. bene. iiii.c
Marie de aqua viua or. s. Augu. vi. xx
Trinitatis de belloco. or. s. be. L
Ville lupeñ. or. s. be. vi. xx. Marie de salliaco. or. s.b. ₵
Turpiniaco or. s.b.c. Marie de gastineta or. s. augu. l.
L.iiii

Taxatio epatuū

Petri de prulliaco or.s.b.　c.　Fōtanis albis　xxxiii.flo
Claritate dei or.cist.　L.Saluatoris ordinis trinitatis

Tornaceñ. Episcopatus. Tournay. v.M.flo

Martini ordi.s.be.iiii.m.flo.Calixti ord.sancti augu.L.flo
Nicolai de pratis or.s.augustini　　　　　　　　ii.c.flo
Bauonis godensis ordinis sancti benedicti　　　iiii.m.flo
Amandi in pabulo ordinis sancti benedicti　　　iii.c.flo
Petri or.s.be.　iii.c.　Andree or.sancti bene.　iiii.flo
Dulcis vallis or.s.aug.　vi.xx.Petri gaudeñ.or.s.be.　v.m
Marie de laude or.cist.　ii.c.　Capella cōsañ.or.cist.　clii.flo
Marie trimelinueñ.prope gandauū or.premonst.　ii.c.lx

Tholosaneñ. archie. Thoulouse. v.M.flo

Saturini or.s.augu.　iiii.m.　Brādis silue or.cister.　iiii.m
Mausi ordinis sancti benedicti　　　　　　　　　vi.c.flo
Marie de capella ordi.premonst.iiii.c.Heluay or.cist.vi.xx
Petri de curte ordinis sancti benedicti　　　　　　ii.c.flo

Tulleñ. Episcopatus. Toul. ii.M.vc.flo

Apritulensis ordinis sancti benedicti　　　　　　vi.xx.flo
Flabonis montis ordinis premonst.　　　　　　　lx.flo
Mire vallis ordinis promonstracensis　　　　　　ii.c.flo
Marie de ornesio ordinis Cist.cl.Mediani or.s.be.　vi.xx
Remigii de luna riuula or.s.augu.　　　　　　vi.xx.ii.flo
Calanostrateñ.or.s.augu.cxvii.Masueti or.s.be.　iiii.c
Stigmateñ.or.pmonst.lxvi.Petri Senoceñ.or.s.be.　c.flo

Tarnieñ. Episcopatus. Tarne. v.c.flo

Seueri de rostangno ordinis sancti benedicti　　cxxiii
Regalis or.s.be.l.flo.　　Seuerini or.s.bene.　iii.c.flo
Scale dei or.cister.iiii.c.l.Petri de generosio or.s.b.iiii.c.flo
Petri de casta or.s.be.　l.flo.Oriēti de regula or.s.b.　l.flo

Tuteleñ. Episcopatus. Tulles M.iiii.c.fl.

Valleta ordinis Cisterciensis　　　　　　　　　c.lx.flo

Tarbiensis Episcopatus M.ii.c.flo

Toloneñ. Episcopatus Toulon iiii.c.flo

Treceñ. Episcopatus. Troys. ii.M.v.c.

Selle or.s.be.　m.flo.　　Lupi or.s.aug.　vi.c.flo

Et alioꝛ bñficioꝛ.

Aremaneñ. ordinis sancti benedicti	ii.m.flo
Marie de vigella	ii.c.flo
Martini de arris ordinis sancti augustini	clx.flo
Petri de vigella abscondita ordinis sancti bene.	c.flo
Bulacuria ordinis cisterciensis	

Tarantasia Archiepiscopatus M.iiii.c.fl.

Squame dei ordinis cisterciensis	vii.c.flo.ii.tſ

Treueris Archiepiscopatus trait x.m.flo

Vallibrūdi aľs eternateñ. ordinis sancti bñdicti	iii.c.flo
Martini prope muros ordinis sancti benedicti	iii.c.flo
Mathie prope muros ordinis sancti benedicti	cl.flo
Maximi extra muros ordinis sancti benedicti	iiii.c.flo
Saluatoris ordinis sancti benedicti	v.c.flo
Marie laxensis aľs de lacu ordinis sancti be.	ii.c.l.flo

Trecorensis Episco. Triguaẏ. iiii.c.lx.flo

Crucis ordinis sancti augustini	c.flo
Begardo ordinis cistercieñ.	vii.c.flo

Themarum supra in littera P. et. S. Sancti Pontii   iii.m.iiii.c.flo

V

Jéneñ. archi. Uienne. m.viii.c

Anthonii ordi. sancti augustini	ii.m.flo
Andree ordinis sancti benedicti	ii.c.flo
Bone vallis ordinis cisterciensis	iii.c
Petri forisportā ordi. ſ. benedi.	ii.c.xl.flo

Ualētinensis⁊ Diensis Episco

patꝰ cōiūcti scz Ualēce ⁊ Dies. iiii.m.v.c

Bernardi ordinis sancti benedicti	ii.c.xii.flo
Ruffi ordi. sancti augustini	iii.c.flo
Circii Saone ordi. sancti augustini	iiii.xx.flo

Uiuariensis Epi. Uiuiers iiii.m.iiii.c.flo

Mansiade ordinis Cistercieñ.	cl.flo
Crudaco ordinis sancti benedicti	iiii.c.flo
Camporum bonorum ordinis Cistercieñ.	iiii.xx.flo

Uaurensis Episcopatus. Uaubour. ii.m.v.c

Taxatio epatuū

Soricimo or. s. b. m. iii. c.   Siluanensis or. cister. iii. c. flo

¶ Veneteñ. epi. Vennes.   iii. c. l. flo
Saluatoris de raceno ordinis sancti benedicti   v. c.
Silde or. s. be. c. flo.   Marie de pcib9 or. cister. m. v. c. flo
Sildasii rineñ. ordinis sancti benedicti

¶ Virduneñ. episco. Verdun.   iiii. m. iiii. c.
Pauli extra muros ordinis sancti benedicti   ii. c. flo
Victorii ordinis sancti benedicti   lxvi. flo
Michaelis de sancto michaele ordinis sancti be. vi. c. lxvi
Belliloci in aragonia   v. c

¶ Vanciensis Episcopatus   ii. c.
Vapinceñ. Episcopatus. Vap   m. iiii. c. flo
Vasionensis Episcopatus Vaison   v. c. flo
Uticensis Episcopatus Uses   m. flo.
Vasatensis Episcopatus. Vasas   vi. c. flo
Bladimōtis or. s. bene. c. iiii. xx. xvi. Fremerii or. s. b. iiii. c.

Vabrensis   M
Siluaneñ. or. cister. iii. c.   Manteneñ. or. s. be. ii. c

X

Xantonensis episco. Xaintes   ii. M
Stephani de vallibus   cl. fo
Johānis angeliaceñ. ordinis sancti bene. m. iii. c. xxxiii. flo
De bachiaco or. s. be. iiii. c. Marie de castres or. s. be. L
Fraeneda or. cister. ii. c. Fontis dulcis or. s. bene. L
Stephani de beunia ordinis sancti benedicti   v. c
Leodegarii or. s. be. cl. Sabloncellis or. s. augu. M. flo
Gratia dei or. cister. iiii. xx.   Beaunia   v. c. flo.

¶ Finiūt noīa archiepiscopatuū z epatuū scdm alphabeti ordinē in regno Frācie z ei9 dniis existētiū: necnō oīm Abbatiarū, Prioratuū, z alioz bnficioz in eorū limitibus contētorū: cū taxa eorūdē. Impressum est hoc opus Parisius anno dni. M. v. c. xv. sumptibus Toussani denys: et vēduntr in domo eiusdem in vico diui Jacobi e regione sancti yuonis in intersignio Salmonis.

www.ingramcontent.com/pod-product-compliance
Lightning Source LLC
LaVergne TN
LVHW020959090426
835512LV00009B/1955